Karin Biala-Gauß
Chihuahuas

VDH

Herausgegeben unter dem Patronat des
Verbandes für das Deutsche Hundewesen
e.V., 44141 Dortmund

Karin Biala-Gauß

Chihuahuas

Praktische Ratschläge für Haltung, Pflege und Erziehung

1. Auflage

Mit 48 Abbildungen, davon 42 farbig

Parey Buchverlag Berlin 1996

Parey-Buchverlag im
Blackwell Wissenschafts-Verlag
Kurfürstendamm 57, D-10707 Berlin

Das Kapitel „Ernährung“ wurde von Dipl. vet. med. Lutz Salomon verfaßt.

Die Deutsche Bibliothek – CIP-Einheitsaufnahme

Chihuahuas : praktische Ratschläge für Haltung, Pflege und Erziehung / Karin-Biala-Gauss. – 1. Aufl. – Berlin : Parey, 1996
(Dein Hund)
ISBN 3-8263-8409-1
NE: Biala-Gauss, Karin

Einbandgestaltung: Rudolf Hübler, Berlin, unter Verwendung einer Abbildung von der Bildagentur Roberto Tierfotografie, Gronau. Die Zeichnungen fertigte Gisela Jahrmärker, Berlin.
Satz und Repro: Type-Design, Berlin
Druck und Bindung: Grafos S. A., Barcelona

Gedruckt auf chlorfrei gebleichtem Papier

Printed in Spain • ISBN 3-8263-8409-1

Vorwort

Chihuahuas – die meisten kennen sie wohl eher unter der Bezeichnung „kleinster Hund der Welt" – erfreuen sich seit Jahren großer Beliebtheit. Klein, pflegeleicht, intelligent und robust, scheinen sie die idealen Begleiter für unsere heutigen Verhältnisse zu sein. Und dennoch sind es keine Hunde für jedermann: Obwohl bescheiden in bezug auf Pflege, Nahrungs- und Platzbedarf, stellen sie doch große Ansprüche an ihre Besitzer. Es sind keine Hunde, die sich widerspruchslos unterordnen; sie haben ihren eigenen Willen, und man muß es verstehen, auf diesen einzugehen. Sie wollen sich als Partner anerkannt und respektiert wissen, nur dann sind sie bereit, alles für ihren Herrn zu geben.

Zusammen mit meinem Mann halte und züchte ich diese Rasse jetzt seit fast 20 Jahren. Von Anfang an war ich beeindruckt von der Urwüchsigkeit, Vitalität und besonders von dem einzigartigen Charakter. Es liegt mir besonders am Herzen, daß neben dem äußeren Erscheinungsbild gerade dieses unverwechselbare Wesen in der Rasse erhalten bleibt, das diese kleinen Hunde so großartig macht.

Fellbach, im Frühjahr 1996
Karin Biala-Gauß

Inhalt

Geschichte der Rasse

Für „junge“ Rassen besteht durchaus die Möglichkeit, die Spur der Vorfahren bis zum Ursprung zurückzuverfolgen. Bei Rassen aber, die bereits seit vielen Jahrhunderten oder gar Jahrtausenden existieren, ist das sehr schwierig, wenn nicht unmöglich; ihre wahre Entstehung wird wohl immer ein Geheimnis bleiben. Anhand von Funden, Höhlenzeichnungen und antiken Skulpturen können wir zwar gewisse Rückschlüsse ziehen, die abstrakten Darstellungen machen es jedoch oft unmöglich, diese kynologisch einwandfrei zu identifizieren und einzuordnen. Dazu kommt noch, daß das Rassebild im Laufe der Zeit einem ständigen Wandel unterzogen ist.

Der Chihuahua gehört zu den ältesten Hunderassen, und um seinen Ursprung gibt es so viele Rätsel wie bei kaum einer anderen Rasse. Dafür sind um so mehr (mehr oder weniger glaubhafte) Legenden um ihn entstanden.

Ursprung in Mexiko

Die Existenz von Hunden in Mexiko ist durch Ausgrabungen bis ins 3. Jahrhundert v. Chr. nachgewiesen. Funde von Plastiken zeigen häufig einen fetten, kleinen Hund auf relativ kurzen Beinen. Man weiß heute, daß diese Hunde kastriert und gemästet wurden, um danach geschlachtet und gegessen zu werden. Es handelte sich um eine haarlose Rasse, in der auch heute noch viele den Vorläufer des Chihuahuas sehen; als Beweis wird angeführt, daß bis heute in Chihuahua-Würfen zuweilen haarlose Welpen fallen. Diese nackten Chihuahuas gibt es tatsächlich, wenn auch sehr selten. Deren Haarlosigkeit hat jedoch mit der des Nackthundes nichts gemein. Es handelt sich beim nackten Chihuahua vielmehr um ein unglückliches Zusammentreffen gewisser Farbgene (Blauträger), die die Haarlosigkeit verursachen: Blaue Chihuahuas mit wenig andersfarbigen Abzeichen haben häufig kahle Stellen an Ohren, Kopf oder Rumpf. Einfarbig blaue Chihuahuas sind fast immer ganz kahl.

Eine andere Version, die gegen Anfang unseres Jahrhunderts aufkam, war die, daß der Chihuahua aus einer Kreuzung zwischen einem Hund und einem kleinen Nagetier entstanden sei. Diese „Story“ gehört wohl ebenfalls in die Märchenkiste, da Nachwuchs aus zwei verschiedenen Tiergattungen undenkbar ist. Es gibt Nachkommen aus Eltern verschiedener *Arten,* sie sind jedoch nicht selbst vermehrungsfähig.

Die populärste und seit Jahren als wahrscheinlich angenommene Ursprungsgeschichte ist die, daß der Chihuahua der heilige Hund der Tolteken gewesen sein soll. Die Tolteken waren ein voraztekisches, kriegerisches Volk, das im Hochtal von Mexiko lebte. In diesem Stamm wurden Tiere gehalten, die bei religiösen Festen geopfert wurden. Man nannte sie Techichi, und ihre Spur läßt sich bis in das 7. bis 9. Jahrhundert v. Chr. zurückverfolgen. Leider konnte niemals eindeutig nachgewiesen werden, daß der Techichi tatsächlich ein Hund war. Die Azteken, die das Erbe des Toltekenreiches antraten, hielten und verehrten Hunde, sie bevorzugten die Exemplare mit den sehr großen Augen, rundem Kopf und tiefem Stop. Man sagt sogar, daß man den Hunden runde Steinchen in den Stop eingebunden habe, um diesen noch markanter zu machen. Starb ein Azteke, so wurde er zusammen mit seinen Habseligkeiten und seinem Hund verbrannt. Die Indianer glaubten, daß die Hunde ihrem Herrn mit ihren großen, leuchtenden Augen den Weg über die neun Todesflüsse der Unterwelt ins Paradies weisen würden. Bevor die Tiere geopfert wurden, bekamen sie einen kleinen Strick aus Hanf um den Hals gebunden. An diesem sollte sich die Seele des Indianers beim Durchschwimmen der reißenden Flüsse festhalten. Da jedoch nach dem Glauben der Azteken nur diejenigen Hunde ihrem Herrn behilflich waren, die von diesem zu Lebzeiten gut behandelt worden waren, war man stets darauf bedacht, es den kleinen Hunden an nichts fehlen zu lassen. In Zeiten, in denen es nicht genügend Hunde gab, waren sie stets den Häuptlingen und führenden Kriegern vorbehalten.

Ursprung in Malta

Ende der 60er Jahre erregte Mrs. E. Goodchild, eine der ersten Chihuahua-Züchterinnen Englands, einiges Aufsehen, als sie einen zusammenfassenden Bericht ihrer mehrjährigen Forschungen über den Ursprung des Chihuahuas im Jahrbuch des Britischen Chihuahua-Clubs veröffentlichte. In Zusammenarbeit mit namhaften Archäologen und Wissenschaftlern will sie herausgefunden haben, daß der Chihuahua um 700 v. Chr. von Ägypten nach Malta gekommen ist. In ägyptischen Gräbern aus der Zeit des Römischen Reiches fand man bei Abydos mumifizierte Überreste von

Ein „Chihuahua", Detail aus einem Fresko von Sandro Botticelli in der Sixtinischen Kapelle, Rom

kleinen Hunden, geschmückt mit wertvollen, ledernen Halsbändern. Die Schädel der Hunde wurden untersucht und vermessen; besonders vermerkt wurde das Vorhandensein einer Schädelfontanelle, ein Merkmal, das man nur beim Chihuahua findet. Ungefähr aus dem Jahre 55 v. Chr. existiert eine Tontafel mit dem eingeritzten Bildnis eines Mannes, der zwei Hunde an der Leine hält. Die Unterschrift dieser Tontafel lautet: „Zwei kurznasige Malteser-Hunde und der Mann, der sie hält." Die Hunde haben so riesige Ohren, runde Köpfe und kurze Nasen, daß sie wie eine Chihuahua-Karikatur wirken; und sie sind eindeutig kurzhaarig!

Auf einem Fresko in der Sixtinischen Kapelle stellt Botticelli 1482 die Flucht der Israeliten aus der ägyptischen Gefangenschaft dar; darauf abgebildet ist ein kleiner, weißer Hund, den man wohl eindeutig als Kurzhaar-Chihuahua identifizieren kann. Botticelli muß einen solchen Hund schon irgendwo gesehen haben, und das zehn Jahre, bevor Kolumbus 1492 Amerika entdeckte! Auch heute findet man auf Malta noch Hunde, die dem Chihuahua aufs Haar gleichen. Um das Jahr 1960 kamen einige solcher Exemplare nach England. Vom Britischen Kennel Club wurden sie anstandslos als Chihuahuas übernommen. Aus ihrer Nachzucht stammen einige erfolgreiche Zucht- und Ausstellungs-Chihuahuas!

Schon um 1570 kamen vereinzelt Hunde dieses Typs nach England. Über sie wird sogar in einer Chronik vermerkt: „Je kleiner sie sind, desto wertvoller sind sie, um so mehr, wenn sie ein kleines Loch in der Schädeldecke aufweisen." Im rauhen englischen Klima, zu einer Zeit, da es noch keine Heizung gab, konnten diese winzigen Hunde jedoch nicht überleben. Sie starben meist kurz nach ihrer Ankunft, und die Rasse wurde so sehr schnell uninteressant.

Mrs. Goodchilds Malta-Theorie zeigt einen neuen Weg, in das Geheimnis um die Vergangenheit des Chihuahuas etwas Licht zu bringen. Sollte die seit Jahrzehnten als wahr angenommene Tolteken/Azteken-Version wirklich ein Irrtum sein? Ist der Chihuahua vielleicht tatsächlich im Mittelmeerraum entstanden und erst dann nach Mexiko gekommen? Könnten die Wikinger solche Hunde auf ihren Schiffen, etwa als Rattenfänger, gehalten und so mit nach Amerika gebracht haben, wo sie sich unter den günstigen klimatischen Bedingungen halten und vermehren konnten? Die ältesten, eindeutigen Funde stammen zweifellos aus Ägypten. Für die Malta-Theorie spricht außerdem: Die Bewohner waren schon aus Platzgründen bestrebt, möglichst kleine Haustiere zu halten und deren Zucht zu fördern; durch die Abgeschiedenheit der Insel war auch eine Reinzucht gesichert, was die Erhaltung des Typs bis in unsere Zeit erklären würde.

Welche der Ursprungstheorien man auch für wahrscheinlicher hält, sie haben eines gemeinsam: Es werden nur kurzhaarige Hunde erwähnt. Daraus beweist sich wohl eindeutig, daß der Langhaar-Chihuahua erst in unserem Jahrhundert durch Einkreuzung von anderen Rassen in Amerika herausgezüchtet wurde.

Anfänge der Zucht: Der Chihuahua in Amerika

Um ca. 1850 wurden von Touristen in der Nähe von Casa Grandes, im Staate Mexiko, kleine Hunde gesehen, die von Indianern gehalten wurden. Sie hatten auffallend lange Nägel, eine Schädelfontanelle und die gleichen großen, abstehenden Ohren wie unser heutiger Chihuahua. Nachdem ab 1880 das Eisenbahnnetz von Mexiko zunehmend ausgebaut wurde, hörte man immer häufiger Berichte von Reisenden, die bei ihrer Fahrt durch abgelegene Gebiete winzige, in Höhlen lebende Hunde gesehen haben wollten. Bald wurde es Mode, den Indianern diese „mexikanischen Hunde“ abzukaufen und als Souvenir nach Nordamerika zu importieren. Diese Tiere hatten jedoch kaum eine Überlebenschance, da sie, um möglichst winzig zu erscheinen, entweder viel zu jung oder unterernährt verkauft wurden.

Ein offizieller Bericht über die Rasse erscheint erst 1914 in der Zeitschrift „Country Life in America“. Verfasser ist James Watson, ein zu der Zeit sehr bekannter und geschätzter Preisrichter für Hunde. 1888 hatte er in El Paso von einem Eingeborenen für drei Dollar eine winzige Hündin mit hellrotem, biberähnlichem Haarkleid erworben, die er „Manzanita“ nannte. Als diese im darauffolgenden Winter starb, war er sehr bemüht, wieder ein ähnliches Tier zu finden. Nach längerem Suchen fand er in Tucson (Arizona) einen kleinen Rüden und in El Paso weitere sechs Hunde, die aber alle sehr verschieden im Typ waren. Watson hat diese kleinen Hunde wohl nie als eigenständige Rasse angesehen, und in seinem 1906 erschienenen zweibändigen Hundelexikon hat er sie nicht einmal erwähnt. So stellte er auch keine Anforderungen an einen Rassetyp. Die von ihm gekauften Hunde waren alle verschieden: langhaarig, kurzhaarig, terrierähnlich, kurzbeinig usw. Gemeinsam hatten sie nur die geringe Größe, die großen, aufrecht getragenen Ohren und vor allem die Schädelfontanelle.

Im amerikanischen Zuchtbuch wird erstmalig 1904 ein Chihuahua registriert: Midget, ein roter Rüde. Stammvater der amerikanischen Chihuahua-Zucht war Caranza, ein roter Langhaar-Rüde. Er wurde zu Beginn des Jahrhunderts von einem gewissen Owen Wilster aus Mexiko importiert. Er starb leider viel zu früh durch einen Unfall: Nach einem schrecklichen Unwetter wollte er sich in den Zweigen einer umgestürzten Eiche verstecken. Sein Gefährte, eine halbblinde Dogge, muß ihn wohl für ein Eichhörnchen gehalten haben und tötete ihn. Sie war darüber wohl dermaßen erschrocken, daß sie kurz darauf an einem Herzschlag verendete.

1923 wurde der Amerikanische Chihuahua-Club gegründet und ein Rassestandard verfaßt. Den Aktivitäten dieses Clubs ist es im wesentlichen zu verdanken, daß der Chihuahua ab Ende der 60er Jahre zu einer der beliebtesten Rassen Amerikas wurde.

Der Chihuahua in England

In England tauchten die ersten Chihuahuas ab 1900 auf. 1904 erschien ein Artikel in „Our Dogs“, verfaßt von Rosina Casselli. Miss Casselli reiste mit einer Truppe von ca. einem Dutzend dressierter Chihuahuas durch das Land. Um Werbung für sich und ihre Hunde zu machen, beschrieb sie diese Rasse als scheue, mexikanische Wildhunde, die von Indianern durch Einkreuzen von Haushunden domestiziert wurden. Wenn diese Geschichte auch reichlich übertrieben war, so weckte Miss Casselli mit ihr und mit der Vorführung ihrer Truppe das Interesse an der Rasse.

Der erste Chihuahua-Wurf in England fiel 1934 von einer aus den USA importierten Hündin. Von den vier Welpen, die in einem Quarantänezwinger geboren wurden, überlebten zwei. Nach diesem Wurf erwarb die Züchterin sechs weitere Chihuahuas für ihren Zwinger. Die

Zucht fand jedoch im Krieg ein jähes Ende, als das Haus von einer Bombe zerstört wurde.

Nach Kriegsende gab es in England so gut wie keine Chihuahuas mehr. Um weiter züchten zu können, benötigte man Importe aus Amerika und Mexiko, die jedoch durch die strengen Quarantänebestimmungen Englands sehr kostspielig und aufwendig waren.

Zwischen 1907 und 1940 wurden im Englischen Kennel Club insgesamt 59 Chihuahuas unter der Rubrik „ausländische Hunde" eingetragen. 1949, als der Britische Chihuahua-Club gegründet wurde, waren es noch ganze acht; durch Zucht und zahlreiche Importe nahmen die Eintragungen aber rasch wieder zu. Der erste Langhaar-Chihuahua kam 1954 nach England, wo er auf Anhieb viele Anhänger fand. Um sich teure Amerika-Importe zu ersparen, kreuzten Züchter häufig Papillons, Zwergspitze, Tibet-Spaniels und andere Langhaar-Rassen ein. Bis heute sind die Folgen solcher Einkreuzungen noch zu erkennen.

1954 wurde die Rasse vom Kennel-Club anerkannt und der Standard nach Abstimmung mit den Amerikanern überarbeitet. 1965 folgte die Trennung von Lang- und Kurzhaar-Chihuahuas in zwei unabhängige Rassen. Es war jedoch bis zum Jahr 1981 erlaubt, die beiden Varietäten miteinander zu kreuzen. 1969 wurde der Langhaar-Chihuahua-Club gegründet, und im Laufe der Jahre wurde der Langhaar ebenso beliebt wie der Kurzhaar, so daß die beiden Rassen heute in England zahlenmäßig etwa gleich liegen.

Der Chihuahua in Deutschland

In dem deutschen Sammelzuchtbuch des Verbandes für das Deutsche Hundewesen (VDH), des deutschen Dachverbandes, werden Chihuahuas erstmalig 1956 eingetragen. Erster Züchter in Deutschland war ein Arzt aus München, der mit Amerika-Importen wenige Würfe machte. Genauere Angaben sind leider nicht mehr möglich, da die Unterlagen über diese frühen Jahre nicht mehr aufzufinden sind. Seit 1963 wird die Rasse vom Verband Deutscher Kleinhundezüchter e. V. im VDH (gegr. 1948) betreut und in dessen Zuchtbuch eingetragen. Zwischen 1963 und 1969 wurden insgesamt 233 Welpen geboren, 48 Hunde aus Amerika und 12 aus England importiert. Zwischen 1970 und 1975 werden bereits über 1000 Welpen eingetragen; der Großteil der Importe kommt jetzt mit 108 Exemplaren aus England und nur noch zehn aus Amerika. 1976 erfolgt auch in Deutschland die Aufteilung in Kurzhaar- und Langhaar-Chihuahuas. Die beiden Varietäten dürfen ab diesem Zeitpunkt nicht mehr miteinander gekreuzt werden. Seit 1976 fallen jährlich zwischen 200 und 300 Welpen, wobei fast doppelt so viele Langhaar- wie Kurzhaar-Welpen gezüchtet werden. In den letzten Jahren scheint sich dieses Verhältnis noch mehr zuungunsten des Kurzhaar-Chihuahuas zu verschieben. Seit Anfang 1984 erlaubt die Fédération Cynologique Internationale (FCI = Internationaler Dachverband) wieder die Verpaarung von Kurz- und Langhaar-Chihuahuas. Es wird den einzelnen Mitgliedsländern jedoch freigestellt, hier Einschränkungen durch die Zuchtordnung zu erlassen. In Deutschland gibt es eine solche Einschränkung nicht mehr. Der Genpool der inzwischen sehr selten geworden Kurzhaar-Chihuahuas würde durch Restriktionen derart zusammenschrumpfen, daß die Rasse keine Überlebenschance mehr hätte. Da in England durch das Kreuzungsverbot das Qualitätsniveau erheblich nachgelassen hat, ist von dort ein gutes Zuchttier fast nicht mehr zu bekommen. Die Kurzhaar-Chihuahuas werden auf recht enger Basis gezüchtet, Negativgene treffen daher mit viel größerer Wahrscheinlichkeit zusammen, und die Langhaar-Chihuahuas zeigen heute durch das Wegfallen der typerhaltenden Kurzhaareinkreuzungen die „Sünden" der früheren Fremdrasseneinkreuzungen. Und außerdem hat uns das englische Zuchtgeschehen nach dem Kreuzungsverbot gelehrt, was daraus resultieren kann. Wir werden uns also davor hüten, den gleichen Fehler selbst zu machen!

Qualitätsmäßig hat sich in den letzten Jahren einiges getan, so daß wir mit Stolz behaupten können, daß unsere deutschen Spitzentiere auf dem europäischen Festland fast nicht zu schlagen sind. Allerdings gibt es eine Reihe von Züchtern, die ohne konkretes Zuchtziel verpaaren, so daß das Durchschnittsniveau, bundesweit gesehen, während der letzten 10 Jahre eher niedriger geworden ist.

Einen entscheidenden Einschnitt in der Zucht brachte uns 1990 die Wiedervereinigung. Obwohl es in der ehemaligen DDR die Rasse erst seit etwa 1975 gab (Importe aus Ungarn, Westdeutschland, Dänemark und sogar einen Rüden aus Amerika), erfreute sie sich dort einer außerordentlichen Beliebtheit, die Eintragungszahlen waren entsprechend relativ hoch. Obwohl sich die Züchter nach der Wende auf die verschiedensten Vereine in Deutschland verteilten, konnten alleine in das Zuchtbuch des Verbandes Deutscher Kleinhundezüchter etwa 70 Chihuahua-Kurzhaar und 250 Chihuahua-Langhaar (alles Zuchttiere!) aus der ehemaligen DDR übernommen werden. Die Welpeneintragungszahlen belaufen sich innerhalb des VDH seither auf etwa 1000 jährlich. Zuchtzahlen von Nicht-VDH-Verbänden, d. h. von Hunden aus nicht kontrollierten Zuchten im Sinne des FCI-Zuchtrechts, sind zwar nicht bekannt, sie dürften insgesamt jedoch deutlich darüberliegen, dazu kommt leider noch der derzeit schwunghafte „Handel" aus den europäischen Ostblockländern. Kurzum: die Rasse hat seit 1990 einen Aufschwung erfahren, den man sich vor wenigen Jahren auch in den kühnsten Träumen nicht vorzustellen gewagt hätte. Es bleibt zu hoffen, daß die Qualität der Rasse diesem Trend nicht zum Opfer fällt, so wie es bereits anderen Moderassen ergangen ist.

Apoco Deodar Masterpiece, einer der bekanntesten deutschen Rüden, verkörpert den „cobby-type"

Der Rassestandard

FCI-Standard (Nr. 218 vom 22. Mai 1995)

Verwendung. Gesellschaftshund

Klassifikation FCI. Gruppe 9 Gesellschafts- und Begleithunde, Sektion 6 Chihuahueno. Ohne Arbeitsprüfung.

Allgemeines Erscheinungsbild. Dieser Hund hat eine kompakte Körperform. Von ganz wesentlicher Bedeutung ist die Tatsache, daß sein Schädel die Form eines Apfels hat und daß er seine mäßig lange Rute hoch erhoben trägt; entweder ist sie gebogen oder halbkreisförmig gerundet, mit gegen die Lendengegend gerichteter Spitze.

Wichtige Proportionen. Die Körperlänge ist etwas größer als die Widerristhöhe; gewünscht wird jedoch ein fast quadratischer Körper, speziell bei den Rüden. Bei den Hündinnen ist wegen der Trächtigkeit ein etwas längerer Körper zulässig.

Verhalten/Charakter (Wesen). Flink, aufmerksam, lebhaft und sehr mutig.

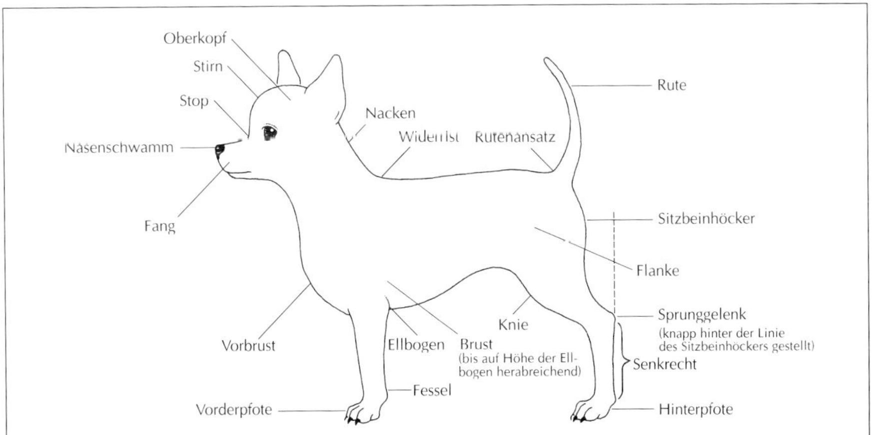

Bezeichnung der Körperteile eines Chihuahuas

Hochtypischer Kurzhaar-Kopf

Kopf

Oberkopf. Schön gerundeter Apfelkopf (ein charakteristisches Merkmal der Rasse) ohne oder mit kleiner Fontanelle. Der Stop ist sehr ausgeprägt, tief und breit, da die Stirn über den Ansatz des Fangs gewölbt ist.

Gesichtsschädel

Nase. Mäßig kurz, geringfügig aufgeworfen; jede Farbe ist zulässig.

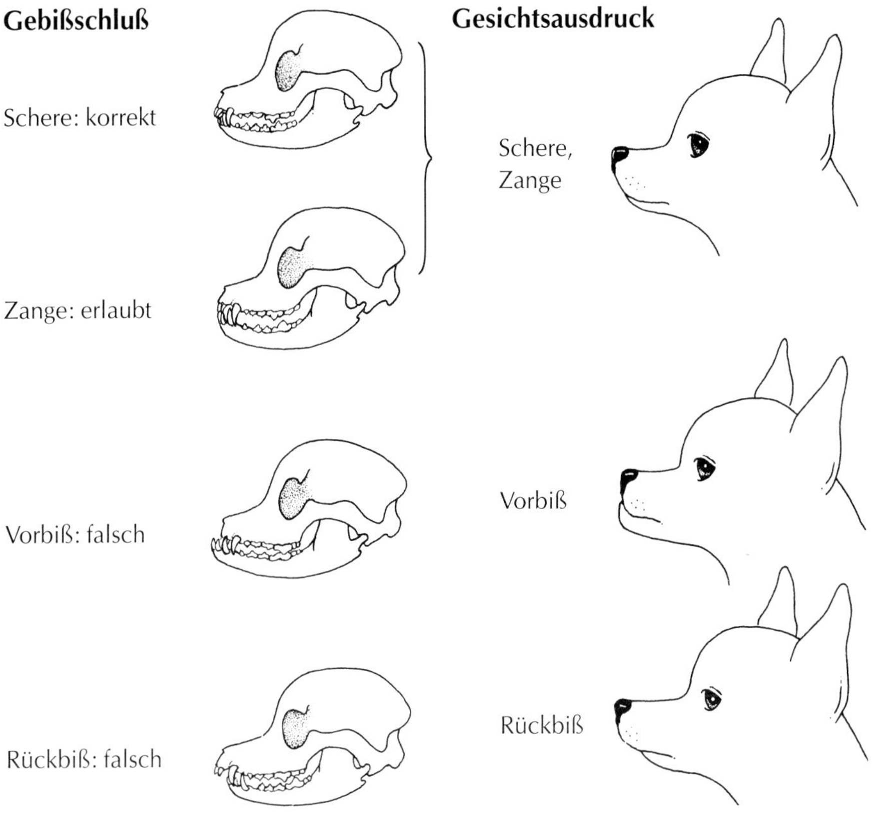

Gebißschluß und Gesichtsausdruck beim Chihuahua

Fang. Kurz, von der Seite gesehen gerade, am Ansatz breit, sich gegen die Spitze hin verjüngend.

Lippen. Trocken und gut anliegend.

Wangen. Wenig entwickelt und sehr trocken.

Zähne. Scherengebiß oder Zangengebiß. Vorbiß und Rückbiß sowie jede andere Stellungsanomalie der Ober- oder Unterkiefer sind streng zu bestrafen.

Augen. Groß und von rundlicher Form, sehr ausdrucksvoll, nicht hervorquellend, vollkommen dunkel gefärbt. Helle Augen sind zulässig, aber nicht erwünscht.

Ohren. Groß, aufgerichtet, auffallend breit an ihrem Ansatz, sich gegen die leicht abgerundete Spitze allmählich verjüngend. In der Ruhestellung sind sie seitlich leicht geneigt.

Hals
Obere Linie. Leicht gewölbt.
Länge. Mittellang.
Form. Dicker bei den Rüden als bei den Hündinnen.
Haut. Ohne Wamme; bei der langhaarigen Varietät ist das Vorhandensein einer Halskrause mit längerem Haar höchst erwünscht.

Körper. Kompakt und gut gebaut.
Obere Linie. Gerade.
Widerrist. Wenig ausgeprägt.
Rücken. Kurz und fest.
Lendengegend. Stark muskulös.
Kruppe. Breit und stark, ohne Neigung.
Brust. Brustkorb breit und tief, Rippen gut gewölbt; von vorne gesehen geräumig, aber nicht übertrieben; von der Seite gesehen, bis zu den Ellenbogen reichend; nicht faßförmig.
Untere Linie. Durch einen deutlich aufgezogenen Bauch gebildet. Ein schlaffer Bauch ist zulässig, aber nicht erwünscht.

Rute. Hoch angesetzt und von mäßiger Länge; am Ansatz breit, sich gegen die Spitze zu allmählich verjüngend. Die Tragart der Rute ist ein wichtiges charakteristisches Merkmal der Rasse; sie wird entweder hoch im Bogen erhoben getragen oder halbkreisförmig gerundet mit gegen die Lendengegend gerichteter Spitze, was dem Körper Ausgewo-

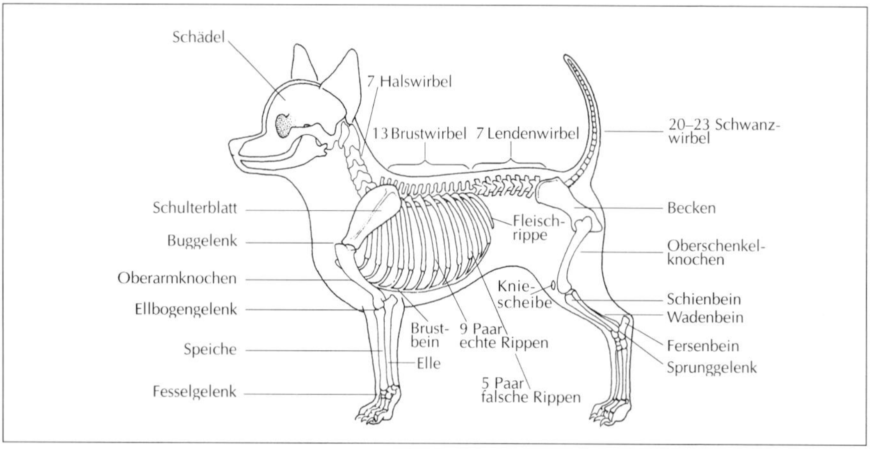

Skelett eines Chihuahuas

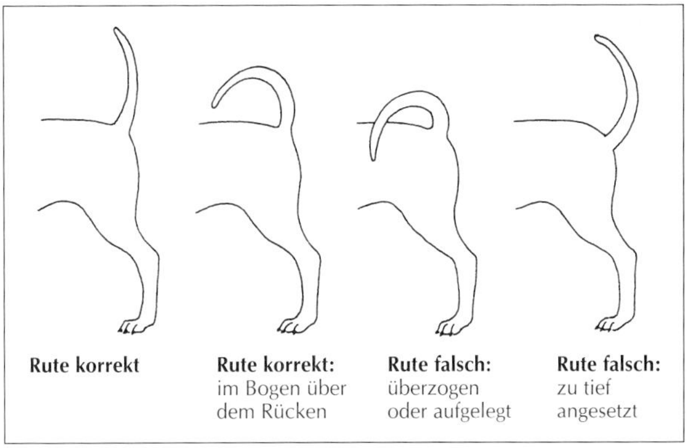

Haltung der Rute

genheit verleiht. Die Behaarung ist entsprechend der Haar-Varietät dem Haarkleid des übrigen Körpers angepaßt. Bei der langhaarigen Varietät bildet das Haar eine Fahne. In der Ruhestellung ist die Rute hängend und bildet einen leichten Haken.

Gliedmaßen

Vorderhand. Gerade und von guter Länge; von vorne gesehen bilden die Vorderläufe mit dem Ellenbogen eine gerade Linie; von der Seite gesehen stehen sie senkrecht mit einem leicht schräg gestellten, kräftigen und biegsamen Vordermittelfuß. Die Schultern sind trocken und wenig bemuskelt; die Winkelung zwischen Schulterblatt und Oberarm ist angemessen. Die Ellenbogen sind fest und eng am Körper anliegend, was eine freie Bewegung der Vorderhand gewährt.

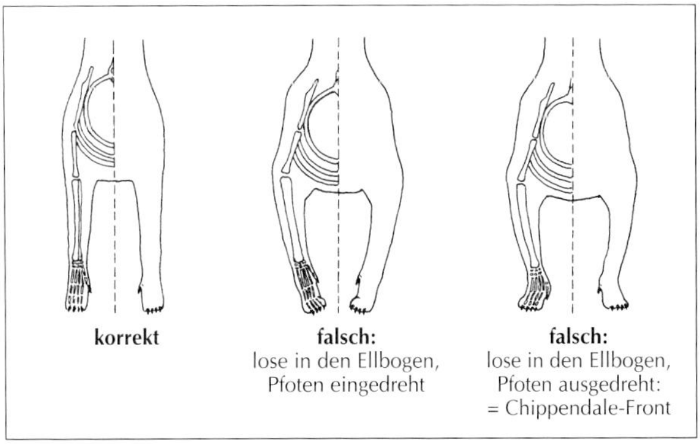

Richtige und falsche Stellungen der Vorderhand

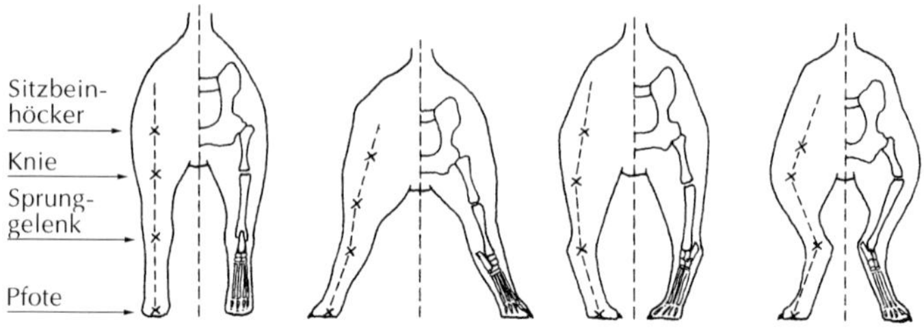

Richtige und falsche Stellungen der Hinterhand

Hinterhand. Gut bemuskelt, mit langen Knochen, senkrecht und zueinander parallel, mit guten Winkelungen am Hüftgelenk, am Knie und am Sprunggelenk, in Übereinstimmung mit den Winkelungen der Vorderhand. Sprunggelenke kurz, mit gut ausgebildeten Achillessehnen; von hinten betrachtet sind sie gerade und senkrecht gestellt, nicht eng.

Pfoten. Sehr klein und oval, mit gut auseinanderstehenden aber nicht gespreizten Zehen (weder Hasenpfoten noch Katzenpfoten); die Krallen sind besonders gut gewölbt und mäßig lang; die Ballen sind gut entwickelt und sehr elastisch; Afterkrallen müssen entfernt sein.

Gangwerk. Der Schritt ist lang und elastisch, energisch und aktiv, mit gutem Vortritt der Vorderhand und gutem Schub der Hinterhand. Von hinten gesehen sollen sich die Hinterläufe zueinander fast parallel bewegen, so daß die Fußspuren der Hinterpfoten genau in diejenigen der Vorderpfoten zu liegen kommen. Mit zunehmender Geschwindigkeit zeigen die Gliedmaßen die Tendenz, in Richtung der zentralen Schwerpunktslinie zu konvergieren (single track). Dabei bleibt der Bewegungsablauf frei und elastisch, ohne sichtbare Anstrengung, der Kopf erhoben und der Rücken fest.

Haut. Glatt und elastisch auf der ganzen Körperoberfläche.

Haarkleid

Beschaffenheit des Haares. In dieser Rasse existieren zwei Haar-Varietäten.

Varietät Kurzhaar. Das Haar ist kurz und am ganzen Körper gut anliegend; wenn Unterwolle vorhanden ist, ist das Haar etwas länger; lichtes Haar an der Kehle und am Bauch ist zulässig; das Haar ist etwas länger am

Kurzhaar-Chihuahuas Mona-Lisa und Mike von der Mölkauer Höhe mit Langhaar-Rüden Tibby vom Scillawald (Mitte)

Hals und an der Rute, kurz im Gesicht und an den Ohren. Es ist glänzend, und seine Beschaffenheit ist weich. Haarlose Hunde werden nicht geduldet.

Varietät Langhaar. Das Haar soll fein und seidig sein, schlicht oder leicht gewellt; eine nicht zu dichte Unterwolle ist erwünscht. Das Haar ist länger und bildet Federn an den Ohren, am Hals, an der Hinterseite der vorderen und hinteren Extremitäten, an den Pfoten und an der Rute. Hunde mit langem und aufgebauschtem Haar werden nicht akzeptiert.

Farbe des Haares. Alle Farben in allen möglichen Schattierungen und Kombinationen sind zulässig.

Größe und Gewicht

Bei dieser Rasse wird nur das Gewicht in Betracht gezogen, nicht die Größe.

Gewicht. Zwischen 500 g und 3 kg, wobei ein Gewicht zwischen 1 und 2 kg den Vorzug hat. Tiere von mehr

Weiße Langhaar-Chihuahuas können ihr Spitz-Erbe fast nie verleugnen

als 3 kg Gewicht werden disqualifiziert.

Fehler. Jede Abweichung von den vorgenannten Punkten muß als Fehler angesehen werden, dessen Bewertung im genauen Verhältnis zum Grad der Abweichung stehen sollte.

- Schmaler Schädel.
- Auge klein, eingesunken oder hervorquellend.
- Langer Fang.
- Zugespitzte Ohren.
- Kurzer Hals.
- Aufgezogener Rücken oder Senkrücken (Lordose oder Xyphose).
- Langer Körper.
- Kurze Gliedmaßen.
- Abstehende Ellenbogen.
- Zu eng gestellte Hinterläufe.
- Schmale Brust, flacher Rippenkorb.
- Abfallende Kruppe.
- Schlecht angesetzte, verdrehte oder kurze Rute.
- Vor- und Rückbiß.
- Fehlen einzelner Zähne.
- Deformierte Kiefer.
- Verdoppelung von Zähnen.
- Luxation der Kniescheibe.

Ausschließende Fehler.

- Bei der Varietät Langhaar: Hunde mit sehr langem, feinem und wie beim Malteser aufgebauschtem Haar.
- Bei der Varietät Kurzhaar: haarlose Stellen (Alopezien).
- Hängeohr oder kurzes Ohr.
- Fehlen der Rute.
- Gewicht über 3 kg.
- Extrem langer Körper.
- Schlanker, leichter, langgestreckter hirschähnlicher Typ.

N.B. Rüden müssen zwei offensichtlich normal entwickelte Hoden aufweisen, die sich ganz im Hodensack befinden.

Interpretation des Rassestandards

Obwohl der Chihuahua-Standard recht ausführlich ist, läßt er doch an manchen Stellen einen gewissen Spielraum unterschiedlicher Auslegung. Die nachstehenden Standard-Erläuterungen geben zum Teil die persönliche Interpretation der Autorin und namhafter Kenner der Rasse wieder, dürften jedoch die Zustimmung aller Züchter, Aussteller und Zuchtrichter finden.

Kopf

Der Standard verlangt einen sehr breiten und runden Apfelkopf mit kurzem Fang. Gerade die Fanglänge gibt jedoch immer wieder Anlaß zur Diskussion: Die ursprüngliche Formulierung ergab sich unzweifelhaft im Vergleich zu damals gebräuchlichen Rassen wie Schäferhunden, Terriern und Jagdhunden. Da im Standard keine Längen- und Verhältnismaße angegeben sind, ist durch übertriebene Zuchtauslese im Hinblick auf den Kopf eine extreme Veränderung erfolgt. Es gibt zum Teil Chihuahuas mit einem Fang, den man fast nicht mehr als solchen erkennen kann, so kurz ist er. Um die Rasse gesund zu erhalten, sollte man daher auf Ausstellungen auch diese übertrieben kurzen Vorgesichter bestrafen. Was nützt es uns, wenn wir eine Karikatur züchten, die nicht mehr in der Lage ist, problemlos zu atmen, und bei der kleinsten Aufregung anfängt, nach Luft zu schnappen?

Gleiches gilt auch für die Größe des Kopfes und, in Zusammenhang damit, für die Fontanelle. Die Fontanelle wurde bis vor wenigen Jahren als unbedingtes Zeichen der Reinrassigkeit gefordert, heute muß sie nicht mehr vorhanden sein. Eine kleine Fontanelle hat noch keinem Chihuahua Schwierigkeiten bereitet, und die Möglichkeit einer tödlichen Verletzung durch das direkte Eindringen eines spitzen Gegenstandes durch die Fontanelle ist verschwindend gering. Wenn sich eine Fontanelle jedoch über einen größeren Teil des Oberkopfes erstreckt, kann das wohl nicht mehr im Sinne des Standards sein. Solche Tiere sind auf jeden Fall von der Zucht auszuschließen, zumal das Vorhandensein einer großen Fontanelle (was meist in Zusammenhang mit einem enorm großen Kopf auftritt) den Verdacht auf einen Wasserkopf nahelegt. Viele Chihuahuas der jüngeren Generationen weisen keine Fontanelle mehr auf oder nur noch eine sehr kleine, so daß die Neubearbeitung des Tierschutzgesetzes (Qualzucht) die Rasse nicht mehr trifft. Die Aufklärungsarbeit der seriösen Zuchtverbände hat in den letzten Jahren darüber hinaus noch bewirkt, daß die einst so beliebten übertypisierten Köpfe an Ansehen verloren haben. Das neue Tierschutzgesetz verbietet die Zucht mit Hunden, die einen „Apfelkopf" aufweisen. Hierzu habe ich dem VDH im Dezember 1995 eine Formulierung vorgeschlagen, die den Züchtern, Zuchtrichtern und Zuchtverbänden als Definitionshilfe dienen soll. Mein Vorschlag wurde angenommen, so daß für die Zukunft der Begriff „Apfelkopf" (den das Tierschutzgesetz im Sinne der „Qualzucht" als zuchtausschließend betrachtet) definiert ist:

Als Apfelkopf anzusehen ist, wenn

a) der Winkel zwischen Fangoberkante und Stirnpartie des Gehinrschädels kleiner als 90° ist;

Richtig: Stop-Winkel = 90°

Falsch: Stop-Winkel kleiner als 90°

b) die Länge des Fangrückens geringer ist als die Entfernung vom Fangrücken bis zur horizontalen Ebene, die sich ergibt, wenn bei waagrecht gehaltenem Fang die Waagrechte des höchsten Punktes des Hirnschädels ermittelt wird;

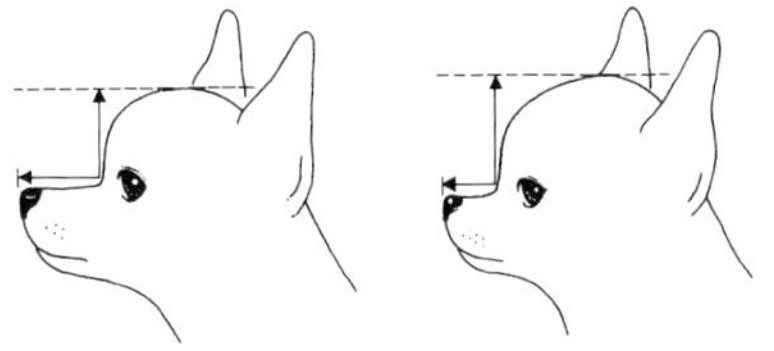

Richtig: Fanglänge = Stirnhöhe

Falsch: Fanglänge kürzer als Stirnhöhe

c) das Tier übergroße und/oder vorstehende Augen hat, die, von vorn betrachtet, über die seitlichen Begrenzungslinien des Schädels ragen.

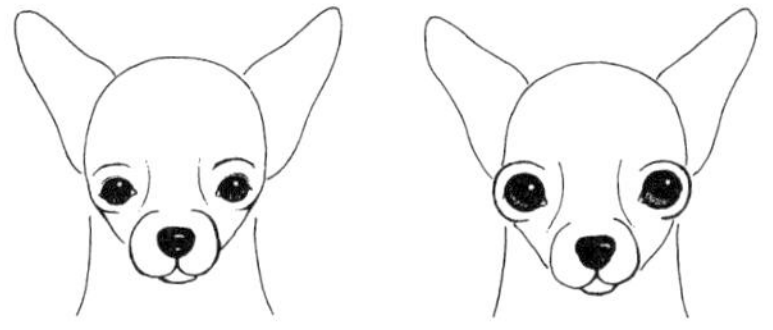

Richtig: korrekt eingesetzte Augen

Falsch: Augen zu groß und über die seitlichen Begrenzungslinien des Schädels ragend

Größe

Bei keiner anderen Rasse ist der geforderte Größenspielraum so extrem wie beim Chihuahua: Zwischen 500 und 3000 g – dazwischen liegen Welten! Da durch unvernünftige Sensationsmache immer wieder Fotos von Chihuahuas im Miniformat erscheinen, hängt der Rasse immer noch ein gewisses „Kaffeetassen-Image" an, leider. Es gibt bei jeder Tierart Zwerge, und bei anderen Hunderassen gelten diese völlig zu Recht als „unnormal"; darüber wird kein Ton verloren, oder hat man schon jemals Berichte über Schäferhunde in Dackelgröße gelesen? Ein zwergwüchsiger Chihuahua jedoch wird groß herausgestellt und zur Sensation gemacht. Nicht selten wechseln solche Exemplare für viele tausend Mark den Besitzer; dabei sind sie nichts anderes als das, was man bei anderen Rassen vielleicht hart, aber durchaus angebracht als „Krüppel" bezeichnet. Nicht nur, daß zwergwüchsige Hunde in den meisten Fällen nicht imstande sind, ein normales Hundeleben zu führen und die Lebenserwartung in der Regel auf wenige Jahre zusammenschrumpft, oft wird diese kurze Zeit auch nur mit erheblichem tierärztlichen Aufwand erreicht, da diese Tiere ungemein anfällig sind. Es genügt schon eine kleine Infektion, wenige Tage Durchfall, Erbrechen und Appetitlosigkeit, und schon ist die Widerstandskraft des kleinen Körpers aufgebraucht.

Ein halbwegs akzeptabler Chihuahua sollte *mindestens* ein Gewicht von einem Kilogramm auf die Waage bringen; das ist wirklich winzig genug. Für den Privatbesitzer ist ein Chihuahua von 1800 bis 2200 g ideal. Diese sind robust, vital und erfreuen sich bei guter Aufzucht und artgerechter Haltung eines langen, gesunden Hundelebens.

Was Zuchttiere anbetrifft, so ist auch hier seit kurzem ein Mindestgewicht vorgeschrieben, so daß nur noch Chihuahuas zuchttauglich geschrieben werden können, die mindestens 2 kg wiegen.

Gebäude-Typen

Der Vorläufer des aktuellen Rassestandards ließ zwei Gebäudetypen zu: den „cobby-type", der einen kompakten, kernigen Hund beschreibt, und den „deer-type", den eleganteren, leichteren Hund. Der jetzige Rassestandard erlaubt zwar nur noch den „cobby", trotzdem wird im Ausstellungsring nach wie vor der „deer-type" toleriert. Rassekenner haben seit jeher den „cobby-type" bevorzugt, der andere wurde aufgrund seines pinscherähnlichen Eindrucks immer etwas gemieden. Hier kurz die Besonderheiten der beiden Gebäudetypen und deren Unterscheidungsmerkmale:

Cobby-type: Ohren nicht so extrem groß, dafür breiter am Ansatz. Kopf breiter, mit größerem Abstand zwischen Augen und Ohren. Augen größer und ausdrucksvoller. Fang meist etwas voller (breiter). Gute Brustbreite und -tiefe. Laufknochen kompakter. Ellenbogen manchmal nicht ganz fest anliegend. Rücken gedrungener. Winkelungen meist ausgeprägter. Kraftvoller Läufer mit gutem Schub aus der Hinterhand. Pfoten kürzer und kompakter. Haarkleid meist mit der gewünschten Unterwolle. Rute dick und meist mit der gewünschten Verbreiterung in der Mitte (Bild Seite 16).

Deer-type: Oft riesige Fledermausohren, die durch den schmaleren Kopf noch mehr zur Geltung kommen. Fang meist länger und schlanker. Schulter etwas steiler angelegt, Brustkorb in Breite und Tiefe nicht so ausgeprägt, dadurch wirken die Läufe länger. Durch schmalere Aufrippung hat dieser Typ mehr „Luft unter dem Bauch“. Hinterhandwinkelung meist etwas schwächer. Die Rute ist in der Regel dünner. Die Pfoten länger und schmaler. In der Bewegung sehr leichtfüßig und elegant. Da er weniger Schub entwickelt, benötigt er für die gleiche Strecke mehr Schritte. Das Haarkleid dieses Typs ist bei Kurz- und Langhaar nicht so dicht, Unterwolle kaum vorhanden (Pinscher/Papillon-Einschlag?).

Deer-type-Hündin

Natürlich sind durch Vermischung der Typen alle möglichen Zwischenformen entstanden, so daß diese Merkmale nicht mehr immer *in ihrer Gesamtheit* auf einem Typ anzutreffen sind.

Gebiß

Ganz vernünftig schreibt der Standard nicht zwingend das Vorhandensein eines kompletten Gebisses vor. Der Chihuahua ist heute ein reiner Haushund, und zur Überlebenssicherung braucht er wohl am allerwenigsten seine Zähne. Dennoch sollte man diese auf keinen Fall vernachlässigen und sie zu erhalten bemüht sein. Der Züchter wird sich Zuchttiere meistens vollständig ausgewachsen, also etwa im Alter von ein bis zwei Jahren, anschaffen. Es ist immer wieder erschreckend, daß z. B. Hunde aus England schon in diesem Alter ein von millimeterdickem Zahnstein bedecktes oder gar lückenhaftes Gebiß aufweisen, häufig ist das Zahnfleisch schon angegriffen. Diese Schäden sind fast nicht mehr reparabel, und das Gebiß ist auch mit der größten Anstrengung nicht mehr lange zu erhalten.

Solange der Gebißschluß noch zu erkennen ist, sollte man in diesen Fällen etwas großzügig sein und Züchter nicht bestrafen, die ein typisches Äußeres und ein korrektes Gebäude, Eigenschaften, die sich vererben, einem kompletten Gebiß, das meist eine Frage der Pflege ist, vorziehen. Dies darf aber keinesfalls ein Freibrief für bequeme Züchter und Aussteller sein, die sich die Mühen um die Erhaltung der Zähne ersparen wollen, denn schließlich hat das Gebiß nicht nur einen optischen Wert. Nicht zuletzt vermittelt es dem Zuchtrichter einen Gesamteindruck bezüglich der Pflege, die ein Aussteller seinem Hund zuteil werden läßt.

Wesen

Obwohl im Standard ausdrücklich Robustheit, Lebhaftigkeit, Neugier, Temperament und Mut gefordert werden, sieht man häufig nervöse, scheue und ängstliche Hunde im Ring. Nicht immer sind daran nur Erziehung, Aufzucht und Haltung schuld. Charaktereigenschaften vererben sich sehr stark; bei den Gebrauchshunderassen werden deswegen Wesensprüfungen durchgeführt, die für die Zuchttauglichkeit erforderlich sind. Vor allem nicht wesensfeste Hündinnen übertragen ihre Nervosität und Unsicherheit schon in der Wurfkiste auf die Welpen, und zu der erblichen Veranlagung kommt noch die Prägung durch das gestörte Muttertier hinzu. Solche Welpen **können** später nicht die vom Standard vorgeschriebenen Charaktereigenschaften aufweisen.

Kurz-/Langhaar-Verpaarungen

Seit Mai 1984 stellt die FCI Züchtern wieder frei, Kurz- und Langhaar-Chihuahuas miteinander zu kreuzen (vgl. auch S. 15). Aus den zuvor dargelegten Gründen erlaubt der Verband Deutscher Kleinhundezüchter seinen Zuchtbuchbenutzern diese Verpaarungen. Die Vererbung der beiden Haarvarietäten verhält sich wie folgt: *Kurzhaar ist dominant über langhaar. Langhaar verhält sich rezessiv gegenüber kurzhaar.*

Das heißt, ein Langhaar-Chihuahua ist *immer reinerbig* in bezug auf seine Haarart. Daher können aus der Verbindung von zwei Langhaar-Chihuahuas auch immer nur langhaarige Nachkommen entstehen.

Beim Kurzhaar haben wir zwei Möglichkeiten: Er kann einerseits auch reinerbig sein, wenn er von beiden Eltern ein dominantes Kurzhaar-Gen erhalten hat. In diesem Falle wird er immer nur kurzhaarige Nachkommen produzieren können, egal, ob man ihn mit einem kurz- oder langhaarigen Partner verpaart.

Er kann andererseits von einem Elternteil ein dominantes Kurzhaar-Gen haben, vom anderen Elternteil ein rezessives Langhaar-Gen dazu. Diese Kombination ergibt „optisch" einen Kurzhaar-Chihuahua, der aber bei seinen Nachkommen sowohl Kurz- als auch Langhaar-Chihuahuas haben kann. Welchen Genotyp ein Kurzhaar-Chihuahua besitzt, kann man definitiv nur anhand seiner Nachkommen herausfinden. Sind diese ausschließlich kurzhaarig, kann man annehmen, daß er reinerbig ist. Ist aber auch nur ein einziger Langhaar-Chihuahua darunter, ist er in jedem Fall mischerbig.

In Deutschland ist mir derzeit kein einziger reinerbiger Kurzhaar-Chihuahua bekannt. Bei den englischen dürften aufgrund der 14 Jahre dauernden Reinverpaarung inzwischen wieder eine ganze Reihe von reinerbigen Kurzhaar-Chihuahuas vorhanden sein.

Von schwarz bis weiß: Alle Farben und Farbkombinationen sind beim Chihuahua erlaubt

Es gibt neben den beiden vom Standard zugelassenen Haarvarietäten Zwischenformen, entweder Kurzhaar mit zu langem (meist etwas welligem) Haar oder Langhaar mit deutlich ungenügender Haarlänge, die nur einen Ansatz von Befederung an den gewünschten Stellen zeigen. Wir nennen sie „stockhaarig“. Zu Unrecht werden diese den Kreuzungen beider Haarvarietäten zugeschrieben. Dieses „Stockhaar“ entsteht spontan, seltener beim Kurzhaar, häufiger beim Langhaar. Wehe dem Züchter, der mit diesen Hunden weiterzüchtet! Dieser Fehler setzt sich ungemein durch (er folgt vermutlich einem unvollständig dominanten Erbgang), und er wird aus den betroffenen Linien nur schwer wieder herauszubekommen sein.

Pigmentierung

Obwohl der Standard die Pigmentierung (Nasenschwamm, Lefzen, Lidränder) entsprechend der Fellfarbe akzeptiert, was bedeutet, daß bei ganz hellen Hunden eine fleisch- oder rosafarbene Pigmentierung toleriert wird, sollte das Zuchtziel doch eine dunkle, oder noch besser schwarze Pigmentierung sein. Schwarze Pigmentierung vererbt sich dominant, Pigmentaufhellung dagegen rezessiv. Dies bedeutet in der Praxis, daß ein hell pigmentierter Hund reinerbig in bezug auf diese Eigenschaft ist, er gibt also jedem einzelnen seiner Nachkommen das rezessive Pigmentaufhellungsgen mit. Der Erbgang ist also derselbe wie bei den Haararten.

Der Verband Deutscher Kleinhundezüchter e. V. läßt einen pigmentschwachen Chihuahua nur für die Verpaarung mit einem vollpigmentierten Partner zu, um zumindest die „planmäßige“ Zucht mit Pigmentaufhellung zu verhindern. Pigmentschwache Hunde neigen sehr viel mehr zu verstärktem Tränenfluß, und wenn man einigen erfahrenen Kynologen glauben darf, ist bei ihnen auch das Immunsystem nicht so belastbar (dies gilt allerdings nicht für Rassen, die nie schwarzes Pigment ausbilden, da bei diesen im Laufe der Zeit eine entsprechende Selektion bezüglich Vitalität stattgefunden hat).

Die einzigen Farbschläge, bei denen kein schwarzes Pigment ausgebildet werden *kann,* sind Chocolate, Blau und Ruby. Bei all diesen ist auch die Augenfarbe entsprechend grau, hellbraun bis ocker und wie im Standard genannt, rubinrot. Die optimale Pigmentausprägung ist dann dunkelanthrazit, dunkelschokolade- und leberfarben.

Die Zucht mit der Farbe „Blau“

Grundsätzlich kann man nach eigener Wahl alle Farben und Farbkombinationen miteinander verpaaren. Einzige Ausnahme ist für einen erfahrenen Züchter die Farbe Blau, auch bei nur teilweise blaugefärbten Hunden (blue & tan, blau-weiß). Er wird niemals Blau mit Blau oder Blau mit Schwarz (und black & tan) verpaaren. Aus solchen Verbindungen entstehen häufig blaue Nachkommen, die ganz oder teilweise haarlos sind; in leichten Fällen ist nur die Rückseite der Ohren kahl, doch leider gibt es auch Hunde, die an Kopf und Körper kein Fell haben. Von der Haarlosigkeit sind jeweils nur die blauen oder teilblauen Nachkommen betroffen. Unglücklicherweise haben die Tiere als Welpen noch ein normales Haarkleid, das erst während des Fellwechsels ausfällt und nicht wieder nachwächst. Durch übermäßige Pigmentanreicherungen in den Haarwurzeln (manchmal auch in Verbindung mit übermäßiger Talgproduktion) sterben diese ab, und es kann kein neues Haar mehr nachwachsen (wer solch haarlose blaue Chihuahuas schon gesehen hat, dem ist wohl sofort auch die extrem dunkle, fettig-ledrige Haut aufgefallen).

Ch. Apoco Deodar Gaylord of Scillawald, ein überreich behaarter blau-tricolour-Rüde

Anders als beim „Rasse-Nackthund“ bzw. Nackthunderassen sind beim kahlen Chihuahua Körper und Haut nicht auf das fehlende Haarkleid eingestellt, deswegen sind diese Tiere überaus empfindlich gegen Temperaturunterschiede und Kälte, und da die Haut z. B. vor direkter Sonneneinstrahlung nicht vom Haar geschützt ist, wird sie trocken und spröde; entsprechende Hautprobleme sind die unabwendbare Folge.

Blaue Chihuahuas sind eine Seltenheit und daher besonders gefragt. Aus diesem Grund haben sich vor Jahren amerikanische Züchter um eine Reinzucht dieses Farbschlages bemüht. Dieser Versuch schlug jedoch vollkommen fehl, da schon nach wenigen Generationen die Zuchterfolge drastisch zurückgingen: Die Wurfstärken wurden deutlich geringer, Totgeburten und nicht lebensfähige Welpen nahmen erschreckend zu. Zu diesen Zuchtschwierigkeiten kam dann noch das Problem der Haarlosigkeit. Dieses Experiment sollte anderen Züchtern eine Lehre sein: Man sollte entsprechende Verpaarungen tunlichst vermeiden. Einige Züchter stehen der Zucht mit blauen Chihuahuas generell ablehnend gegenüber, was allerdings genausowenig gerechtfertigt ist wie das andere Extrem.

Wir sind 1980 durch Zufall an einen blau-weiß-crème-farbenen Langhaar-Rüden gekommen, ohne eine Ahnung von den speziellen Schwierigkeiten zu haben. Er war allerdings in der helleren, silberblauen Farbe mit normaler gräulichrosa gefärbter Haut. Nasenschwamm und Lidränder anthrazit. Die Behaarung am ganzen Körper, auch auf der Rückseite der Ohren, überreich. In Unwissenheit paarten wir diesen Rüden anfangs mit Hündinnen aller Farben. Aus einer Verpaarung mit einer Schwarz-tricolour-Hündin gingen blue&tan-farbene Welpen in sehr dunklem Blau mit sehr dunkler Haut hervor, die an den Ohren nach dem Haarwechsel unvollständig behaart waren. Nach diesem Wurf habe ich mich mit Züchtern beraten, die ebenfalls mit Blau züchteten. Danach habe ich für diesen Rüden nie wieder schwarze und auch keine blauen Hündinnen verwendet. In der Zwischenzeit haben wir mehrere überaus reich behaarte blau-weiß-crème-farbene Hunde gezogen. Die Zucht mit Blau ist also dann kein Risiko, wenn sie von Züchtern durchgeführt wird, die aus den Erfahrungen von anderen ihre Konsequenzen gezogen haben.

Verpaarung von Gegensätzen

Es ist eine alte Erfahrung, daß es den „fehlerfreien Hund“, egal welcher Rasse, nicht oder so gut wie nicht gibt. Fast jedes Zuchttier hat also seinen kleinen Makel, und so mancher Zuchtanfänger (und nicht nur der!) kommt auf die Idee, diesen mit einem „extremen“ Zuchtpartner auszugleichen, in der Hoffnung, daß sich die Nachkommen dann genau in der optimalen Mitte bewegen werden.

Solche „Zuchtgelüste“ kommen hauptsächlich Besitzern mit großen Hündinnen oder solchen mit schwachen Köpfen und/oder solchen mit langen Nasen, weshalb das Halten von sehr kleinen Rüden mit übertypisierten Köpfen für viele Züchter als das oberste Ziel schlechthin erscheint. Diese Rechnung geht natürlich nicht auf, da sich die Vererbungslehre selbstverständlich nicht nach dem Gesetz des mathematischen Mittels richtet. Die wahrscheinlichsten Ergebnisse bei Verpaarungen mit extremem Größenunterschied sind disproportionierte Nachkommen (nach dem Motto: die Lauflänge des Vaters und die Rückenlänge der Mutter), aus großen Fanglängenunterschieden resultieren eher Gebißschlußfehler als der erhoffte „Traumkopf“. Des Rätsels Lösung ist, daß sich die einzelnen „Bauteile“ eines Individuums eben nicht in ihrer Gesamtheit vererben, sondern sie sind unabhängig kombinierbar mit den entsprechenden Eigenschaften des Zuchtpartners. Der beste Weg für eine erfolgreiche Zucht ist *immer* die Harmonie der zu verpaarenden Hunde, sowohl in Größe als auch im Typ. Kleine Unvollkommenheiten dürfen maximal mit dem entsprechenden Optimum ausgeglichen werden. Eine solche Zuchtplanung, über Generationen konsequent durchgehalten, führt dann zwar etwas langsamer, aber umso dauerhafter und sicherer zum gewünschten Ergebnis.

Kniescheibenluxation (Patella-Luxation = PL)

Funktionsstörungen im Kniegelenk durch Verlagerung (Luxation) der Kniescheibe kommen bei kleinen Hunden relativ häufig vor. Die Kniescheibe (Patella) ist ein kleiner Knochen, der im unteren Teil des Oberschenkelknochens in einer Rille (Rollkamm) eingelagert ist. In diesem bewegt sie sich bei der Aktion des Kniegelenkes von oben nach unten. Sie liegt eingebettet zwischen dem Muskel, der vom Oberschenkel herkommt, und der Sehne (Patellarband), die die Verbindung zum Unterschenkel herstellt. Die Aufgabe der Patella besteht in der Kraftübertragung der Bewegung vom Unter- zum Oberschenkel. Damit sie diese einwandfrei erfüllen kann, müssen hauptsächlich folgende Voraussetzungen gegeben sein:

- Die vorgenannte Rille muß gut ausgeprägt sein, damit die Patella bei ihrer Auf- und Abbewegung sicher darin verbleibt.
- Der Muskel des Oberschenkels, die Kniescheibe und das Patellarband müssen auf einer geraden Linie liegen, ebenso wie Oberschenkel und Unterschenkel in der Streckung, so daß die Kraftumlenkung auch auf direktem Weg von oben nach unten erfolgen kann.
- Die Kniescheibe muß so ausgebildet sein, daß sie sich in die Rille einpaßt.

Bei wenig oder falsch ausgeprägter Rille und/oder falscher Zugrichtung durch Muskel und/oder Sehne verbleibt die Patella im Verlauf der Hinterhandbewegung nicht in der vorgesehenen Rille, sondern gleitet seitlich heraus. Diese Verlagerung kann entweder nach innen (medial) oder nach außen (lateral) stattfinden, sie kann gelegentlich (habituell) auftreten oder ständig (stationär) verlagert sein, des weiteren kann nur ein Kniegelenk oder beide Kniegelenke im gleichen oder in verschiedenen Graden betroffen sein.

Neben der Tatsache, daß der Bewegungsablauf gestört ist, erleidet der Hund (insbesondere bei stärkerer Ausprägung) Schmerzen beim Laufen. Durch Überbeanspruchung des

Bandapparates kann sich eine ursprünglich leichte Ausprägung verschlimmern, wobei dann in der Folge Arthrosen und die Gefahr von sekundären Seitenbandrissen entstehen können. Da das Tier bei Schmerzen instinktiv das betroffene Gelenk schonen wird, können auf lange Sicht als Folge durch Fehlbelastungen des übrigen Bewegungsapparates weitere Probleme entstehen.

Begünstigt wird dieser Defekt durch feingliedrigen Knochenbau. Anatomisch insgesamt einwandfreie Hunde, die sich korrekt und „sound" bewegen, mit festen, waagrechten Rückenlinien, geraden Läufen, korrekten Winkelungsverhältnissen von Vor- und Hinterhand und guter Veranlagung zur Ausbildung von Muskeln dürften ein Ansatz sein, diesem Problem zu begegnen. Ich bin der Überzeugung, daß anatomische Balance und Korrektheit dazu führen, daß der Hund in der Bewegung so „funktioniert", daß Muskeln, Bänder und Gelenke (auch das Knie) nicht falsch oder ungleichmäßig beansprucht werden.

Hündinnen weisen eine verstärkte Disposition auf, weil sich bei ihnen im Zyklus hormonellbedingt die Bänder zeitweise etwas lockern und insbesondere durch die Ausnahmesituation „Trächtigkeit" und auch damit verbundenem Mehrgewicht eine zuvor unbemerkte Veranlagung plötzlich manifest wird.

An der Vererblichkeit dieses Defektes gibt es inzwischen wohl keine Zweifel mehr, so daß man ihn züchterisch angehen muß. Der Verband Deutscher Kleinhundezüchter ist bisher leider der einzige Verein, der PL-Freiheit als Voraussetzung zur Erlangung der Zuchtzulassung für Chihuahuas vorschreibt.

Mit großer Sicherheit läßt sich eine einfache Genwirkung bei der Vererbung von PL ausschließen. Nachdem heute niemand mehr ernsthaft nur an der bequemen Lösung „Umwelteinflüsse" festhält und die wenigen, über einen längeren Zeitraum durchgeführten Untersuchungen einen eindeutigen Hinweis auf Erbeinflüsse erbracht haben, wird nach heutigem Stand ein polygener Erbgang angenommen. Das bedeutet, daß der Defekt von einer mehr oder weniger großen Anzahl von Genen beeinflußt wird (die Zahl kennt man nicht), von denen das einzelne zwar nur wenig bewirkt, alle zusammen jedoch eine sehr deutliche Wirkung haben. Bei PL ist die Erkrankung nicht von Anfang an erkennbar, sondern tritt erst in späteren Lebensabschnitten auf. In seltenen Fällen schon im Welpenalter, bei der Mehrzahl der betroffenen Tiere jedoch erst ab dem Jugendstadium und nach der Pubertät (Östrogen-Einwirkung).

Polygene Erbgänge machen es uns in der Regel jedoch nicht so leicht, nach dem Schema „Der Hund hat

Ch. Kora vom Scillawald zeigt ein perfektes, flüssiges Gangwerk

diesen Defekt" oder „Der Hund hat diesen Defekt nicht" einzuteilen. Auf den ersten Blick könnte man nach der Erfahrung, daß zwei sichtlich PL-freie Tiere PL-belasteten Nachwuchs erzeugen können, zu dem Schluß gelangen, daß es sich bei diesem Merkmal um einen Erbgang nach den einfachen Mendelschen Regeln (dominant/rezessiv) handelt.

Die Tücke bei polygenen Erbgängen liegt aber manchmal darin, daß eine längst vorhandene Disposition vorliegt, die erst dann ins sichtbare Merkmal umschlägt, wenn eine gewisse Anzahl von belastenden Genen vorhanden ist. Der Genetiker bezeichnet das als „Merkmal mit Schwellencharakter", der Belastungsgrad, bei dem die unsichtbar vorhandene Merkmalsanlage in den wahrnehmbaren Ausdruck des Merkmals umschlägt, ist der „Schwellenpunkt".

Zwei *vermeintlich* PL-freie Hunde, die jedoch eine nicht sichtbare Belastung unterhalb des Schwellenpunktes aufweisen, können bei der Verpaarung ihre PL-Dispositionen für die Nachkommen aufaddieren. Diese wiederum werden dann das Merkmal später aufweisen oder nicht, je nachdem, ob die Summe beim einzelnen Nachkommen oberhalb oder unterhalb des Schwellenpunktes liegt.

Es gibt verschiedene Ausprägungsgrade der Luxation vom manuell provozierten (PL 1) über das selbständige Herausgleiten (PL 2) bis zur ständig verlagerten Kniescheibe (PL 3). Bei PL 4 liegen zudem noch arthrotische Veränderungen durch das ständige Reiben der Kniescheibe an Knochenteilen des Kniegelenks vor. Ob ein Hund mit seiner PL „leben“ kann, oder ob diese einer operativen Maßnahme bedarf, ist nicht abhängig vom PL-Grad. Es gibt Hunde mit PL 3, die zeitlebens beschwerdefrei laufen können. Es sollte auch nicht *zu schnell* operiert werden (vorher ruhig die Meinung zweier oder mehrerer Tierärzte einholen), und wenn, dann nur von einem Tierarzt, der damit Erfahrung hat. Es gibt leider Fälle, da wurden die Probleme hinterher größer anstatt kleiner!

Palpatorische Untersuchungen sind gegenüber röntgenologischen aussagesicherer. Manche PL 3, die sich durch Bänderverkürzung nicht mehr reponieren lassen, scheinen Tierärzten diagnostische Probleme zu bereiten (es bewegt sich nichts mehr!). Hier kann dann ein Röntgenbild letzte Sicherheit bringen.

Charakter und Wesen

Betrachten wir die indianische Chihuahua-Legende, so lassen sich die Grundeigenschaften dieser Rasse in großen Zügen ableiten. „Der kleine Hund geleitet die Seele seines Herrn durch die neun reißenden Todesflüsse der Unterwelt ins Paradies." Demnach sind folgende Charaktermerkmale notwendig: *Treue* und *absolute Zuverlässigkeit,* denn das Erreichen des Paradieses hängt allein von der Führung des Hundes ab. *Starke Bezogenheit* auf seinen Herrn, denn er geleitet ausschließlich diesen oder dessen Familie, niemals einen Fremden. *Großer Mut, Kraft, Robustheit* und die Bereitschaft, sein Leben für das Glück seines Herrn hinzugeben beim Durchschwimmen der reißenden Flüsse.

Dadurch, daß der Chihuahua so sehr auf seine Bezugsperson fixiert ist, entwickelt er aber leider auch einen ungeheuren Hang zur Eifersucht; wehe, wenn sich Herrchen längere Zeit mit anderen Personen oder, noch schlimmer, mit anderen Hunden befaßt, ohne ihn zu beachten! Er wird alles daransetzen, Aufmerksamkeit zu erregen: bellen, Männchen machen, um Streicheleinheiten betteln. Einige „Spezialisten", die bereits entsprechende Erfahrungen gemacht haben, nutzen ihr schauspielerisches Talent, indem durch plötzliches Hinken eine Verletzung gemimt wird. Will sich Herrchen voller Mitleid das Unheil anschauen, kann er lange danach suchen …

Eine üble Eigenschaft ist auch seine schon fast krankhafte Neugierde: Er muß überall dabeisein, muß alles gesehen und beschnüffelt haben. Ein noch so leises Rascheln weckt ihn aus dem tiefsten Schlaf. Der Höhepunkt des Tages dürfte wohl das Auspacken der Einkaufstüten sein. Dabei sitzt er gewöhnlich auf einem Platz, von wo er alles in bestmöglicher Nähe verfolgen kann.

Einen Chihuahua bringt man überall unter

Er ist überhaupt ein scharfer Beobachter, und da er seinem Herrn auf Schritt und Tritt folgt, kennt er dessen Gewohnheiten und Gedanken wie sonst kein anderer. Schon die Art von Herrchens Kleidung sagt ihm, ob ein Spaziergang ansteht, ob es zum Einkaufen oder zur Arbeit geht; und je nachdem ahnt er, ob die Möglichkeit besteht, mitgenommen zu werden oder nicht. Er erkennt auch mit sicherem Instinkt Launen und Gefühle und weiß genau, ob es angebracht ist, sich diskret im Hintergrund zu halten oder ob Herrchen gerade Zeit hat. Manchmal erscheint es fast so, als könnte er mit seinen großen Augen direkt in unsere Gedanken schauen. Er kennt genau die Schwächen eines jeden Familienmitgliedes und weiß diese auch prompt auszunutzen.

Seine große Sensibilität ist von Vorteil, wenn es um die Erziehung geht, denn er wird dadurch auch leicht lenkbar. Er möchte seinem Herrn Freude bereiten, und dafür wird er fast alles möglich machen. Er fühlt, wann er stört und wann er willkommen ist; das macht ihn so angenehm. Andererseits ist er leicht beleidigt. Ein hartes, ungerechtes Wort, Eifersucht, erfolgloses Betteln oder eine sonstige Kleinigkeit veranlassen ihn, sich wie eine schmollende Diva in seine Ecke zurückzuziehen. Zusammengerollt und mit abgewandtem Kopf kann es erfahrungsgemäß eine geraume Zeit dauern, bis er sich wieder herabläßt, mit Herrchen zu „reden“. stimmt!

Bei fast allen Chihuahuas ist ein auffallend stark ausgeprägtes Geltungsbedürfnis festzustellen. Diese Charaktereigenschaft wird wohl auch dadurch begünstigt, daß schon der Welpe auf der Straße bestaunt und beachtet wird. Wenn er sich erst einmal daran gewöhnt hat, wird der erwachsene Hund sich einiges einfallen lassen, nur um wieder im Mittelpunkt zu stehen.

Auch wenn der Chihuahua in all den Jahren, in denen er gezüchtet wird, ausschließlich als Haushund gehalten wurde, steckt in jedem noch ein kleiner Naturhund mit unverändert erhaltenen Instinkten. Es ist durchaus nichts Ungewöhnliches, wenn er nach dem Fressen übriges Futter zu verstecken sucht, um Vorräte für „schlechte Zeiten“ anzulegen. In diesem Fall sollten Sie stets die Futterschüssel wegräumen, sobald er satt zu sein scheint; sonst müssen Sie damit rechnen, beim Hineinschlüpfen in Ihre Schuhe oder Hausschuhe plötzlich in den erkalteten „Vorräten“ zu stehen oder beim Zurechtschütteln der Sofakissen auf die mundgerechten Nothäppchen Ihres Lieblings zu stoßen. Nicht selten ist auch noch ein starker Jagdtrieb erhalten. Ich kannte einen Kurzhaar-Chihuahua,

Es war gemein Rudi am Bauerhof anzubrüllen!

Kurzhaar-Junghündinnen Arabella und Anna-Lisa laufen um die Wette

der sich sein Futter regelrecht für gefangene Mäuse eintauschte.

Nicht zuletzt wird natürlich die Schmusestunde ganz groß geschrieben. Chihuahuas sind einfach perfekte Genießer: Wenn man sie streichelt, wird das Köpfchen hin- und hergedreht, die bevorzugte Kraulstelle in Position gebracht, und als Zeichen des höchsten Genusses folgt nicht selten ein glücklicher Seufzer.

Lange Spaziergänge lieben sie auch sehr; eigentlich sind sie unermüdlich, und am schönsten ist es, wenn ein zweiter Hund mit dabei ist. Dann rennen die beiden um die Wette und spielen Fangen, und es erstaunt einen immer wieder, wieviel Energie und Ausdauer in so einem Winzling Platz haben. Selbst bei Schnee wird stundenlang im Garten getollt. Das Märchen, Chihuahuas seien sehr empfindlich gegen Kälte, hält sich hartnäckig, aber es ist wirklich rein erfunden. Es versteht sich wohl von selbst, daß man bei kaltem Wetter nicht unbedingt zwei Stunden mit der Nachbarin die neuesten Geschichten austauschen sollte, während der Hund ohne Bewegung vor Kälte zittert (übrigens würde da ein großer Hund genauso frieren). Solange er aber in Bewegung ist, kann man auch bei kaltem Wetter bedenkenlos ausgedehnte Spaziergänge machen.

Die meisten Chihuahuas sind nicht sehr begeistert, wenn um sie herum Trubel herrscht. Lärm oder Streit gehen ihnen auf die Nerven. Sie haben es wohl eine Weile gerne, wenn „etwas los ist“ – vor allem, wenn sie im Mittelpunkt des Interesses stehen –, aber nach einiger Zeit wollen sie doch wieder ihre Ruhe. Wie ich!

Chihuahuas haben einen ausgeprägten Sinn für Eigentum. Sie kennen die Dinge, die ihnen oder Herrchen gehören, ganz genau, und es sei jedem geraten, nicht zu versuchen, etwas davon wegzunehmen; das kleine Schmusehündchen kann sich blitzschnell in einen wütenden kleinen Teufel verwandeln.

Zwischen den Varietäten Kurzhaar und Langhaar liegt im Wesen

Ich muss aufhören zu streiten!

und Charakter ein wesentlicher Unterschied. Der Langhaar-Chihuahua ist in der Regel etwas sanfter und verträglicher. Der Kurzhaar dagegen ist bedeutend schwieriger, er ist der Aggressivere von beiden und ist für einen kleinen Streit, auch mit großen Hunden, immer zu haben. Auf der Straße sollte er deshalb stets an der Leine geführt werden. Sein Dickkopf macht es uns nicht einfach, ihn davon zu überzeugen, daß man Herrchen gehorchen muß. Der Kurzhaar läßt sich trotz aller Liebe und Hingabe doch immer einen Freiraum für seine eigene Persönlichkeit. Er nimmt auch Verbote nicht so einfach hin; nach einem angemessenen Zeitraum wird er erneut versuchen, ob nicht doch etwas zu machen ist.

Wer Kurzhaar und Langhaar gemeinsam hält, wird die Erfahrung machen, daß es immer der Kurzhaar ist, den den Ton angibt; der Langhaar ist viel zu friedlich, als daß er sich dagegen auflehnen würde. In meiner Meute von sechzehn Langhaar und vier Kurzhaar haben die vier Kurzen das Sagen; das war vom ersten Tag an so, als unsere Kurzhaar-Lucy, 6 Monate alt und 1500 g schwer, zu sechzehn Langhaar-Chihuahuas als einzige Kurze dazukam. Normalerweise dürfen bei uns die Rüden zuerst an die Futterschüssel, und erst wenn diese fertig sind, folgen die Hündinnen entsprechend der Rangstellung im Rudel. Lucy konnte das keinesfalls beeindrucken; sie spazierte ungeniert mitten zwischen den Rüden zum Napf. Das drohende Knurren des Anführers beantwortete sie mit einer kräftigen Ohrfeige; den anderen verschlug dieses Auftreten derart die Sprache, daß Lucy als Hündin fortan den Vortritt, und nicht nur beim Fressen, hatte. Als dann drei Monate später unser erster Kurzhaar-Rüde ins Haus kam, warteten die anderen Rüden zunächst ab, was passieren würde. Tiger ließ sich jedoch keinesfalls auf eine „Diskussion“ mit den Langen ein; er kam sogleich knurrend aus der Transportbox, und von dieser Sekunde an stand fest, daß er, und niemand anders, der Meuteführer war. Bis zum Schluß blieb er, inzwischen körperlich schon etwas klapprig und zahnlos, der „Boss“. Auch von den nachgewachsenen Jungrüden hätte es niemals einer gewagt, ihm seinen Platz oder seine Vorrechte streitig zu machen. Allein mit seiner psychischen Dominanz hielt er alle anderen in Schach.

Wer sich also zwischen Langhaar und Kurzhaar zu entscheiden hat, sollte die Charakterunterschiede der beiden bei der Wahl berücksichtigen und dann entscheiden, welche Varietät besser zu ihm paßt.

Der Welpe

Der Erwerb

Wer sich entschlossen hat, einen Chihuahua zu kaufen, sollte sich unbedingt an einen Rassehunde-Zuchtverband wenden; dort werden seriöse Züchter vermittelt, die sich gewissenhaft um die Rasse und Aufzucht bemühen.

Ein Chihuahua kann leicht 15 bis 20 Jahre alt werden. Den Grundstein für ein gesundes Hundeleben legt der Züchter. Nehmen Sie sich deshalb ruhig die Zeit, mehrere Züchter zu besuchen, und kaufen Sie dann dort, wo Ihnen die Haltung, der Züchter und die Welpen am meisten zusagen. Normalerweise werden Chihuahuas im Haus gehalten; bei Züchtern, die ihre Hunde außerhalb der Wohnung, z. B. im Stall oder Zwinger untergebracht haben, ist Vorsicht geboten. Es ist dringend davon abzuraten, bei einem Händler zu kaufen, der importierte Hunde (derzeit häufig aus Osteuropa) oder solche aus zweifelhaften Quellen weiterverkauft: Die Welpen werden meist viel zu früh von der Mutter weggenommen, die Futterumstellung erfolgt in der Regel mit möglichst billigem und oft unzureichendem Futter, die angebliche Impfung hat meist niemals stattgefunden, eine Entwurmung schon gar nicht. Da die Aufzucht dieser armen Kreaturen nur mit den allernotwendigsten Mitteln erfolgte, ist ihr Zustand entsprechend. Verdauungsprobleme, Ungeziefer und infektiöse Durchfälle sind die Folge. Oft bleiben die Tiere auch später etwas anfällig, und die Entwicklung vollzieht sich durch mangelnde Ernährung im Welpenalter langsamer. Am bedauerlichsten sind jedoch die psychischen Störungen, die nur durch mühsame, liebevolle Pflege teilweise zu beheben sind. Welpen, die mehr oder weniger sich selbst überlassen waren, entwickeln sich oft zu Hunden, die kaum fähig sind, zum Menschen Kontakt zu finden, sie sind scheu und schwer in die Familie einzugliedern. Wer diese Erfahrungen gemacht hat, wird bei einem späteren Hundekauf den manchmal höheren Preis mit Freuden in Kauf nehmen, wenn er dafür einen gesunden, zutraulichen Welpen bekommt, der von Anfang an problemlos ist.

Der Kauf beim Züchter bringt auch den Vorteil, daß man die Eltern- oder Verwandtentiere besichtigen kann, denn innerhalb dieses Rahmens wird sich höchstwahrscheinlich auch der Welpe später bewegen. Aus „entsprechenden Quellen“ sind mir schon „King-size“-Chihuahuas von bis zu 9 kg begegnet („als Welpe war er so klein und süß!“), die mit einem Chihuahua nur die Bezeichnung auf der „Ahnentafel“ gemeinsam hatten. Macht nichts, die Besitzer lieben sie trotzdem – Händlerstrategie! Anhand fingierter Anfragen haben wir uns bei den osteuropäischen Ausfuhrquellen „Angebote“ machen lassen: Bei Abnahme von größeren „Stückzahlen“ lagen die Preise ab 50 DM (ohne Papiere) bis 400 DM (sog. „Spitzentiere“!). Der Weiterverkauf erfolgt dann ab 1500 DM und wesentlich mehr, oder – im anderen Extrem – zu Schleuderpreisen: Es muß einen unbedingt aufhorchen lassen, wenn Chihuahuas um 600 DM angeboten werden. Wenn man sich vorstellt, welche Sorgfalt der durchschnittliche Bundesbürger z. B. bei der Anschaffung seines Autos aufwendet, dann ist es einfach unbegreiflich, wieso er sich beim Kauf eines Hundes so kritiklos „über den Tisch ziehen“ läßt!

Das ideale Abgabealter eines Kleinhunde-Welpen ist etwa zwölf Wochen. Er ist dann bereits entwurmt und hat doppelten Impfschutz. Da sich der Chihuahua jedoch ohne Schwierigkeiten in eine neue Umgebung einlebt, kann bedenkenlos auch ein etwas älterer Hund bis zu etwa einem Jahr gekauft wer-

Katzen und Chihuahuas vertragen sich bestens, wenn sie von klein auf zusammenleben den, wenn er „sozial" aufgezogen worden ist.

Hunde sind steuerpflichtig und müssen 14 Tage nach dem Kauf für das nächste Quartal angemeldet werden. Die Höhe der Steuer ist je nach Gemeinde unterschiedlich.

Rüde oder Hündin?

Ob man sich für einen Rüden oder eine Hündin entscheidet, ist bei Zwerghunden im Grunde genommen zweitrangig. Es wird häufig behauptet, der Rüde sei etwas aggressiver, da er von Natur aus dazu bestimmt sei, das Revier zu bewachen und zu beschützen, die Hündin dagegen sei etwas liebebedürftiger und mehr an das Haus gebunden, weil sie dort ja ihren Wurf großzieht. Eigentlich kann ich diese Behauptungen nicht bestätigen.

Ich glaube vielmehr, daß Charaktereigenschaften zu einem ganz großen Teil durch Prägung in der Aufzucht bestimmt werden und mit dem Geschlecht nur wenig zu tun haben. Die Unterschiede zwischen Hündin und Rüde liegen auf ganz anderer Ebene: Der Rüde hat im Normalfall ein volleres und längeres Haarkleid, das er das ganze Jahr über behält. Die Hündin hat im Jahr ihre zwei Hitzen, während denen sie von Rüden ferngehalten werden muß. Vor einer zu erwartenden Hitze haart sie gewöhnlich ab. Ein entscheidendes Kriterium für die Wahl des Geschlechts sollten eigentlich nur die bereits vorhandenen Hunde in der näheren Umgebung sein. Sind die meisten Nachbarhunde Rüden, dann sollte man sich besser keine Hündin zulegen; die Zahl ihrer Verehrer während ihrer kritischen Tage wäre zu groß. Befinden sich in Ihrer Umgebung überwiegend Hündinnen, dann würde ich Ihnen von einem Rüden abraten, er würde jedesmal, wenn er eine läufige Hündin riecht, einige kummervolle Tage verbringen müssen. Haben Sie überhaupt keine Hunde in Ihrer näheren Umgebung, können Sie sich frei für eine Hündin oder einen Rüden entscheiden.

Auswahl und Kauf

Ein gesunder Welpe ist lebhaft, hat ein glänzendes Fell und funkelnde Augen, er sollte gut genährt sein, ist also besser rund als zu mager, und zeigt auch Fremden gegenüber keine übertriebene Scheu. Eine saubere Wurfkiste und ein gepflegtes Äußeres der Welpen sind selbstverständlich. Ein kurzer Blick in der Wohnung sagt Ihnen, ob der Züchter seine Hunde zur Sauberkeit anhält. Außerdem sollten Sie darauf achten, wie die erwachsenen Hunde gehalten werden und welchen Eindruck sie auf Sie machen. Die Umgebung, in der der Welpe aufwächst, spielt eine nicht zu unterschätzende Rolle; von ihr wird er geprägt, und dies hat Einfluß auf das spätere Wesen des Hundes.

Der Preis für einen Welpen liegt bei etwa 1500 DM; er wird normalerweise von den einzelnen Züchtern selbst festgelegt. Für Zucht- und Ausstellungshunde liegt er entsprechend höher.

Falls Sie daran interessiert sind, den Hund später einmal auszustellen oder für die Zucht zu verwenden, sollten Sie das den Züchter wissen lassen. Er wird Ihnen dann wahrscheinlich dazu raten, ein etwas älteres Tier zu nehmen, denn die Entwicklung eines Welpen geht manchmal recht seltsame Wege, und kein Züchter kann dafür garantieren, daß sich ein vielversprechender Welpe auch vorteilhaft auswächst.

Kaufen Sie den Hund dann, wenn Sie ihn eine möglichst normale Alltagssituation erleben lassen können, also nicht etwa zu Beginn der Großen Ferien, wenn die ganze Familie Tag und Nacht zu Hause ist. Er wird sich sonst einsam vorkommen, wenn Schule und Arbeit wieder anfangen. Umgekehrt sollten Sie den Zeitpunkt für die Anschaffung nicht dann wählen, wenn die Kinder gerade für einige Wochen außer Haus sind, denn er würde bei deren Rückkehr mit verständlicher Eifersucht auf sie reagieren, und das wäre ein denkbar schlechter Anfang.

Beim Kauf eines Hundes sollten Sie erhalten: die Ahnentafel, den Impfpaß und eine Fütterungs- und Pflegeanleitung. Manche Züchter geben noch eine Leine und Futter für die ersten Tage mit. Ein guter Züchter wird immer bereit sein, für eventuell auftauchende Fragen zur Verfügung zu stehen.

Bevor der Welpe in die Wohnung kommt, machen Sie diese „welpensicher“: Kabel entweder unter Teppi-

Die Ohren haben sich bei diesem 8 Wochen alten Welpen noch nicht aufgestellt, aber auf dem Tisch steht er schon wie ein Großer chen verlegen oder in sicherer Höhe an der Wand befestigen, Grünpflanzen hochstellen, erreichbare Steckdosen mit kindersicheren Verschlüssen versehen, darauf achten, daß herunterhängende Tischdecken vom Welpen nicht erreicht und heruntergezogen werden können.

Eingewöhnung

Wenn der Welpe gerade in seinem neuen Heim angekommen ist, sollte man ihn am besten einfach laufen lassen und ihn beobachten. Lassen Sie ihn zunächst nur in ein Zimmer – eine begrenzte Umgebung macht ihm die Eingewöhnung leichter. Erst wenn er sich darin gut auskennt, sollte er nach und nach mit dem ganzen Haus vertraut gemacht werden. Am sinnvollsten ist es vielleicht, wenn der Welpe mit einem Spielzeug in seiner Höhle abgesetzt wird. Suchen Sie sich einen Platz in einiger Entfernung, von wo Sie ihn gut beobachten können, und überlassen Sie ihn zunächst sich selbst. Nach einiger Zeit wird ihn seine Neugier von allein aus der Höhle treiben. Vorsichtig wird er dann wohl Schritt für Schritt seine neue Umgebung untersuchen und beschnüffeln.

Wenn der Welpe gewöhnt ist, seine „Geschäfte" auf der Zeitung zu erledigen, sollten Sie am besten an mehreren Stellen größere Zeitungsflächen auslegen, damit er die Möglichkeit hat, ohne Schwierigkeiten eine „Toilette" zu finden (ihr Teppichboden wird es Ihnen danken). Bewegt er sich einigermaßen ohne Scheu, können Sie sich versuchsweise auf den Boden legen. Normalerweise wird er sehr bald zu Ihnen kommen, um zu spielen oder sich streicheln zu lassen.

In den ersten Tagen sollte man Besuchern, die natürlich neugierig auf die Neuerwerbung sind, klarmachen, daß der Welpe erst dann zu besichtigen ist, wenn er sich an die fremde Umgebung und seine Familie gewöhnt hat. Er soll ja schließlich wissen, wo er hingehört.

Die ersten Nächte

verbringt der Welpe am besten in einer großen Kiste oder etwas ähnlichem, wo er nicht herauskann und wo Platz genug ist für einen gemütlichen Schlafplatz, etwas Futter und Wasser sowie eine kleine Ecke mit Zeitungspapier, damit der Kleine dort nachts seine Geschäfte erledigen kann. Am besten stellen Sie die Kiste in Bettnähe auf. So können Sie den Hund sofort beruhigen, indem Sie ihn einfach ansprechen oder kurz streicheln, falls er in der Nacht anfangen sollte zu weinen. Auch falls er später einmal im Bett schlafen darf, sollte er jetzt noch nicht mit hineingenommen werden – die Gefahr, daß er in der Dunkelheit herausfällt und sich verletzt, ist zu groß.

Ideal ist es, wenn sich der Welpe vor dem Schlafengehen noch einmal ausgiebig müde tobt. Ein Butterkeks als „Betthupferl“, das gewährt am ehesten eine ruhige Nacht.

Ausrüstung
Wenn Sie vorher noch keinen Hund besessen haben, sollten Sie sich im Laufe der Zeit folgende Grundausrüstung beschaffen: Eine *Leine,* am besten eine ganz dünne und leichte, damit sich der Welpe schnell daran gewöhnt. Es gibt Ausstellungs-Vorführleinen, bei denen Halsband und Leine zusammengearbeitet sind, und die auch für jede Hundegröße benutzt werden können.

Ein offenes *Hundekörbchen;* es gibt ganz besonders hübsche aus Stoff, die innen mit Plüsch gefüttert sind. Sie haben den Vorteil, daß sich der Welpe daran nicht verletzen kann und daß sie jederzeit schnell in der Waschmaschine gewaschen werden können. Der Chihuahua wird eine Höhle einem normalen flachen Körbchen vorziehen.

Eine verschließbare *Box* für den Transport.

Einen *Futter-* und einen *Wassernapf.* Diese sollten stabil und so schwer sein, daß sie nicht herumgetragen oder umgestoßen werden können.

Diverse *Spielsachen* wie Gummitiere (speziell für Hunde im Fachhandel erhältlich), alte geknotete Socken, Hausschuhe, Lederlappen, Büffelhautknochen oder -spielzeug und alte Stofftiere (hier müssen Glasaugen, Plastiknasen u. ä. herausgetrennt werden, bevor sie der Welpe bekommt; er könnte sich daran verletzten bzw. sie verschlucken).

Erziehung

Da der Chihuahua sehr intelligent und sensibel ist, bringt die Erziehung kaum Probleme mit sich. *Konsequenz* ist jedoch eine absolut notwendige Voraussetzung. Um den Kleinen anfangs nicht zu sehr zu verwirren, sollten möglichst kurze und gut zu unterscheidende Worte wie „Pfui“, „Brav“ u. ä. verwendet werden. Als Strafe genügt meist ein energischer Verweis oder schlimmstenfalls ein leichtes Schütteln am Nackenfell, wie es die Mutter-Hündin mit ihren „Sprößlingen“ macht. Beim Welpen sollten Sie unbedingt auf Schläge, vor allem mit der Zeitung, verzichten; der Kleine gerät dadurch nur in Panik, und der erzieherische Effekt ist gleich Null.

Wenn der Welpe zu laut wird, oder beim Spielen in einem gewissen Alter einmal zu grob „zupackt“, hält man ihm für einige Sekunden mit der Hand den Fang zu, tadelnde Worte unterstützen diese Erziehungsmethode, die auch von erwachsenen Hunden gegenüber Junghunden angewendet wird. Beim ausgewachsenen Hund kann man schon mal einen Klaps geben.

Welpen in den verschiedenen Entwicklungsstadien. Von links nach rechts: 20 Tage, 5 Wochen, 10 Wochen, 18 Wochen, 5 Monate

Strafe muß unbedingt *sofort* auf die „Untat" erfolgen, da sie der Hund immer auf das bezieht, was er unmittelbar zuvor getan hat. Wenn man z. B. ins Zimmer kommt und ein Häufchen vorfindet, das der Welpe schon *vor einiger Zeit* gemacht hat, dann hat es gar keinen Sinn, ihn jetzt dafür zu tadeln. Am besten, man beseitigt es unauffällig.

Der neugierige und intelligente Welpe lernt am besten beim Spielen. Sozusagen nebenbei begreift er die Bedeutung kleiner Befehle wie „Komm!", „Sitz!" usw. Es liegt am Besitzer, die Spiele so zu gestalten, daß sie einen erzieherischen Effekt haben. Es ist für einen Chihuahua eine große Freude, wenn er von Herrchen gelobt wird; das sollte man ausnutzen, denn man erzielt durch Loben meist viel mehr als mit Tadel.

Ein Hund lernt nicht aus Überzeugung, sondern aus Erfahrung. Er kann auch von sich aus nicht entscheiden, ob etwas gut oder schlecht ist. Er merkt sich, ob auf ein Verhalten mit Lob oder Tadel reagiert wurde, und dementsprechend wird er sich danach richten.

Dem Hund ist von Natur aus gegeben, daß er je nach seiner Stellung innerhalb der Meute befehlen darf oder gehorchen muß. Und genau das ist die Grundlage für eine sinnvolle Erziehung. Erst muß die „Rangordnung" geklärt werden (natürlich zugunsten des Menschen!), dann wird sich der Hund willig unterordnen, ohne daß er dies als negativ oder Unterdrückung empfindet. Im Gegenteil: Klare Verhältnisse geben ihm eher ein Gefühl von Sicherheit. Er wird vielleicht noch einige Male, vor allem im Flegelalter versuchen, die Rangordnung zu seinen Gunsten zu ändern, aber meist gibt er schnell wieder auf.

Man liest und hört oft, daß man einen Hund niemals mit der Hand strafen soll, da dieser davon handscheu würde. Ich kann nach jahrelanger Erfahrung dieser Ansicht jedoch keinesfalls zustimmen. Wer seinem Hund in wirklich berechtigten Situationen einen Klaps verpaßt, braucht nicht zu fürchten, daß dieser die Schläge auf die Hand bezieht. Ich möchte betonen, daß ein Hund keinesfalls wegen jeder Lappalie einen Klaps bekommen darf, sondern wirklich nur in extremen Fällen, und auch dann nur, wenn der Hund genau nachvollziehen kann, wofür die Strafe war. Ein unbeherrscht gestrafter Hund fürchtet den Menschen an sich, und dabei spielt es dann keine Rolle mehr, ob mit der Hand oder mit der Zeitung gestraft wurde.

Stubenreinheit

Das größte Anliegen eines neuen Hundebesitzers ist wohl eine möglichst rasche und sichere Erziehung zur Stubenreinheit. Sie haben Glück, wenn Ihr Welpe bei einem Züchter aufwachsen durfte, der Wert auf Sauberkeit gelegt hat. In der Regel sind solche Hunde zuverlässig an Zeitung oder Katzentoilette gewöhnt. In der Aufregung der Umstellung kann es zwar passieren, daß das eine oder andere „Geschäft“ danebengeht, aber der Welpe kennt das Verbot ganz genau. Zeigen Sie ihm lediglich „seine“ Stelle, und mit einiger Konsequenz ist das Problem in wenigen Tagen gelöst.

Etwas schwieriger ist es schon, wenn der Welpe das Verständnis für Sauberkeit nicht mitbringt. In diesen Fällen hilft nur ständiges Beobachten und den Hund keine Minute aus den Augen zu lassen. Es ist folglich beinahe unvermeidlich, daß man die ersten Tage fast ausschließlich mit dem Hund verbringt.

Es ist in jedem Fall vorteilhaft, den Hund daran zu gewöhnen, seine „Geschäfte“ draußen zu erledigen. Ideal ist ein eigener Garten, in dem der Hund sein spezielles Plätzchen zugewiesen bekommt.

Hundebesitzer in ländlichen Gegenden haben keinerlei Schwierigkeiten, einen geeigneten Löseplatz zu finden, in der Stadt hingegen ist dies oft problematisch. Manchmal bleibt kein anderer Ort als eine ruhige Straße. Hier sollte man den Hund dazu erziehen, sich möglichst am Rand zu lösen. Eventuelle Häufchen werden mit Rücksicht auf andere stets mit einem Papiertaschentuch beseitigt, was bei dieser kleinen Rasse wirklich zumutbar ist. Es erübrigt sich wohl zu sagen, daß Kinderspielplätze, Parks mit Liegewiesen u. ä. absolut tabu sind.

Welpen „müssen“ regelmäßig nach erfolgter Futteraufnahme und nachdem sie längere Zeit geschlafen haben. Alarmzeichen für „Geschäfte“ außer der Reihe sind aufgeregtes Suchen am Boden oder Im-Kreisdrehen. Dann ist es aber auch allerhöchste Zeit, den Welpen hochzunehmen und entweder auf die Zeitung oder nach draußen zu setzen. Nach erfolgreicher Erledigung wird er überschwenglich gelobt. Bereits nach wenigen Tagen müssen sich Erfolge einstellen. Katzentoilette und Zeitung müssen nach Benutzung sofort wieder saubergemacht werden. Andernfalls wird sich ein normaler Welpe – mit seinem ausgeprägten Sinn für Sauberkeit – instinktiv einen neuen Platz für Häufchen und Pipis suchen.

Halsband und Leine

Anfängliche Schwierigkeiten bereitet manchmal auch das An-der-Leine-Gehen. Einige Hunde lernen das mit Leichtigkeit, anderen fällt es furchtbar schwer. Bei Welpen hat es sich bewährt, ihnen durch Anlegen eines Uhrenarmbandes das Gefühl des Etwas-um-den-Hals-Habens zu vermitteln. Nach ein bis zwei Tagen haben sie sich damit abgefunden. Dann kann man eine leichte Leine anlegen, mit der sich der Welpe unter Beaufsichtigung in der Wohnung bewegt. Danach kann man vorsichtig versuchen, das Leinenende anzuheben und den Kleinen mit Leckerbissen neben sich herzulocken. Nach einiger Zeit dürfte er die Angst vor der Leine verloren haben, und man kann allmählich beginnen, nach draußen zu gehen.

Manche Züchter tun sich etwas schwer damit, Hunde zu Ausstellungszwecken „an die Leine zu bekommen“.

Meist ist soviel Auslauf vorhanden, daß überhaupt keine Notwendigkeit besteht, die Hunde leinenführig zu machen. Wenn dann erst kurz vor dem Ausstellungsalter damit begonnen wird, ist die Gewöhnung sehr viel schwieriger. Den meisten Züchter-Ausstellern wird es so gehen wie mir: Ich spiele lieber mit allen Hunden auf dem Boden, als mich mit einem einzelnen intensiv mit Ringtraining zu befassen. Zwei Wochen vor der ersten Ausstellung ist dann Not am Mann. Wenn gar nichts mehr hilft, wird der kleine Unglückskandidat eben ausschließlich *an der Leine* von Hand gefüttert. Schon nach wenigen Tagen verbindet er die Leine mit dem positiven Erlebnis des Gefüttertwerdens. Seine Häppchen bekommt er immer nach einer vollendeten Runde Laufens und einigen

Sekunden Stehens in „Show-Pose“. Wenn er vorher bettelnd an mir hochspringt, fällt die Belohnung für diese Runde aus. Es ist erstaunlich, wie schnell so ein Tier diese Zusammenhänge kapiert. Ein besonderer Ansporn ist es meist, wenn einige andere Hunde frei nebenher laufen. Dann kann Futterneid nämlich sehr hilfreich sein, zumal der Übungshund sehr schnell herausfindet, daß er der eigentliche Mittelpunkt des Geschehens ist.

Einen ganz hartnäckigen Fall bei einem Rüden, der trotz aller Bemühungen auch mit fast eineinhalb Jahren im Ring noch nicht „funktionierte“, haben wir damit gelöst, daß er jedesmal, bevor er decken sollte (durfte!) eine Stunde vorher an die Leine kam und wir „Ausstellung“ mit ihm spielten. Unnötig zu betonen, daß dieser Junge nach einiger Zeit und einer Anzahl von Deckakten fortan in Erwartung einer läufigen Hündin *höchst motiviert* im Ring präsent war. Natürlich hatte er unsere List irgendwann einmal durchschaut, aber da hatte er dann auch schon Routine und Spaß am Ausgestelltwerden.

„Aus!“

Eine wichtige Lektion besteht darin, ihm beizubringen, auf den Befehl „Aus!“ alles freiwillig abzugeben, was er im Fang hat. Gerade junge Hunde haben die Angewohnheit, alles aufzunehmen, was sie unterwegs finden. Sie können sich (und dem Hund!) viel Ärger ersparen, wenn er gelernt hat, seine Beute auf Befehl herzugeben.

Außerdem sollte man dem Hund von klein auf klarmachen, daß er keine Fliegen fangen darf. Es sieht zwar sicher niedlich aus, wenn er schnappend hinter einer Mücke herrennt, die zehnmal schneller ist als er. Leider sind aber Bienen und Wespen keineswegs zu schnell für einen Hund, und es kann ein böses Ende haben, wenn er in den Rachen gestochen wird!

Lästige Bellfreude

Wie alle kleinen Hunde ist auch der Chihuahua äußerst bellfreudig. Unbewußt unterstützt man dies dadurch, daß es einen anfangs amüsiert, wenn ein winziger Welpe „bellt“. Macht man ihm schon in diesen Anfängen klar, daß er das nicht tun soll, am besten in einem sehr leisen Ton, sonst würde es ihn nur zusätzlich anstacheln, kann man ihn leicht zum Ruhigsein erziehen.

Ein Hund paßt sich übrigens auch in seinen Lautäußerungen seiner Umwelt an. Wenn er in einer lärmenden Familie gehalten wird, ist er mit Sicherheit selbst auch entsprechend lauter. Ein Hund, der bei einer Einzelperson oder einem älteren Ehepaar geruhsam lebt, ist fast nicht zu hören.

Ernährung und Pflege des Welpen

In der ersten Zeit sollte man sich möglichst genau an das Fütterungsschema des Züchters halten, um die Umstellung so schonend wie möglich erfolgen zu lassen. Fast alle im Handel erhältlichen Welpenfutterprodukte sind empfehlenswert, aber auch gekochtes, mageres Fleisch mit Reis und Gemüse oder Magerquark mit geriebenem Obst und Traubenzucker. Natürlich eignet sich auch menschliche Babykost, allerdings ist dies keine billige Art zu füttern. Insgesamt sollte man darauf achten, daß der Eiweißanteil (Fleisch, Fisch etc.) eine gute Hälfte der Futtermenge ausmacht; die andere Hälfte teilt sich in Obst, Gemüse und Kohlehydratträger (Flocken, Reis etc.).

Junghunde erhalten

bis zum 4. Monat 5 Mahlzeiten,
bis zum 6. Monat 3 Mahlzeiten,
bis zum 12. Monat 2 Mahlzeiten

und schließlich nur noch eine Mahlzeit pro Tag.

Das Füttern sollte möglichst immer zu gleichen Zeiten erfolgen. Übriggelassenes Futter wird weggenommen; denn hat der Welpe ständig die Möglichkeit zu fressen, ist seine Verdauung nur schwer unter Kontrolle zu bekommen. Außerdem verdirbt Frischfutter bei warmem Wetter recht schnell und zieht Fliegen magisch an. Welpentrockenfutter darf immer bereitstehen, der Welpe wird sich davon nur nehmen, wenn er plötzlich großen Hunger hat, ansonsten wartet er lieber auf die nächste Mahlzeit.

Frisches Wasser oder Tee müssen immer zur Verfügung stehen; lebensnotwendig wird dies, wenn Trockenfutter gereicht wird.

Mit Fett sollte man im Welpenalter relativ sparsam umgehen, da es rasch Durchfall verursachen kann. Ein Mindestquantum sollte dennoch garantiert sein.

Gerne kann man dem Hund zwischendurch frisches Obst oder Gemüse anbieten; das beschäftigt ihn für einige Zeit, und außerdem ist es gesund.

Bei abwechslungsreicher, ausgewogener Kost erübrigen sich Vitaminzusätze; die Rasse wächst nicht so schnell und schubartig, als daß diese zusätzlich erforderlich wären. Regelmäßig eine Kalzium- und eine Hefetablette genügen.

Zu pflegen gibt es beim Chihuahua-Welpen, insbesondere bei den kurzhaarigen, so gut wie nichts. Ab und zu sollten Sie die Ohren nachsehen, die Augen auswischen und die Nägel schneiden oder feilen.

Es wird selten notwendig sein, einen Chihuahua zu baden. Allerdings finden sich manche mit „Düften“ unwiderstehlich, die uns Menschen alles andere als angenehm sind,

Ob die kleine Ellena wohl auch so erfolgreich sein wird wie ihre große Schwester Kora?

und so wird nach gewissen Wälzungen in Dingen, auf deren Aufzählung ich hier lieber verzichten möchte, ein kurzer Gang ins Waschbecken unvermeidlich sein. Gute Hundeshampoos sind heute überall erhältlich. An warmen Tagen genügt es, wenn man nach dem Baden das Fell gründlich mit einem Fensterleder ausdrückt. Nachdem der Hund dann kurz durchgekämmt wurde, kann man ihn an der Luft trocknen lassen. Sonst föhnt man ihn mittelwarm trocken.

Um ihn an das spätere „Zähneputzen" zu gewöhnen, sollte man öfters mit einem Leinenlappen über die Zähnchen reiben. Dasselbe gilt für das Kämmen und Bürsten beim Langhaar: Obwohl im Grunde nicht unbedingt notwendig, sollte man ihn rein zur Übung öfters durchkämmen.

Hunden, die im Sommer viel auf heißem Asphalt oder Straßen laufen, sollte man vorsorglich die Ballen mit Vaseline oder Penatencreme einreiben, damit diese nicht austrocknen oder rissig werden.

Vom Junghund zum erwachsenen Hund

Die Entwicklung

Beim normalgroßen Chihuahua ist das Größenwachstum nach dem siebten Lebensmonat fast beendet. Als Faustregel gilt: Je kleiner der ausgewachsene Hund, desto schneller hat er seine endgültige Größe erreicht. Wenn man einen Welpen mit 12 Wochen bekommt, hat der Langhaar ein dichtes, biberpelzartiges Fell. Doch dadurch, daß der Hund größer wird, das Haar in dieser Zeit aber fast nicht wächst, erscheint er zwischen dem 5. und 8. Monat etwas dürftig behaart.

Der Zahnwechsel erfolgt mit etwa fünf bis sechs Monaten. Bei einigen geht er fast unmerklich vor sich, andere tun sich etwas schwerer. Es kann vorkommen, daß der Junghund während der Zeit des Zahnwechsels die Ohren nicht mehr einwandfrei stellt. Dies könnte ein Zeichen dafür sein, daß durch die Bildung der Zähne zuviel Kalzium benötigt wird. Alle zwei Tage eine Kalziumtablette (Fachhandel) läßt die Ohren bald wieder stehen.

Mit dem Zahnwechsel erfolgt auch der Haarwechsel. Das weiche Babyfell wird unmerklich abgestoßen, und danach wächst das festere bleibende Haar. Bis das Haarkleid seine endgültige Länge und Fülle bekommt, kann es bis zu zwei Jahren dauern. Bei Hündinnen ist ab etwa dem achten Monat die erste Hitze zu erwarten.

Kurz nach der Zeit des Zahnwechsels machen viele Junghunde eine Art *Flegelphase* durch. Waren sie bisher immer folgsam und haben sich beim Spaziergang nicht zu weit entfernt, kann sich das jetzt sehr schnell ändern. In dem Junghund erwacht nun der Drang, alles zu erforschen und seine Kräfte zu probieren. Es kann sogar durchaus einmal vorkommen, daß er – rein zur Erprobung seiner Macht – einmal etwas in die Wohnung macht. Je energischer man dagegen vorgeht, desto schneller wird er es auch wieder sein lassen.

Die Eingliederung in die Familie

Nachdem eventuelle anfängliche Eingewöhnungs- und Umstellungsschwierigkeiten überwunden sind, beginnt unmerklich der Alltag. Langsam lernt der Hund die Gewohnheiten „seiner“ Familie kennen. Er richtet seine Spiel- und Schlafenszeiten danach ein, und diese sollte man ihm auch zugestehen.

Sind **Kinder** im Haus, so sollten Sie diese unbedingt anweisen, den Hund in Ruhe zu lassen, wenn er sich in sein Körbchen zurückgezogen hat. So wird er im Spiel mit Kindern viel freier sein, denn er hat ja jederzeit die Möglichkeit, sich zurückzuziehen und selbst das Ende des Spiels zu bestimmen. Ansonsten sollten Sie dafür sorgen, daß das Kind eine möglichst natürliche Beziehung zum Hund entwickelt. Kinder finden im Normalfall leicht selbst heraus, was dem Hund gefällt und was nicht. Überlassen Sie am besten den Kindern einen Teil der Pflichten am Hund wie Füttern, Gassigehen oder Bürsten. Bei mehreren Kindern können diese entsprechend auf die einzelnen verteilt werden.

Die Erziehung sollte jedoch größtenteils den Erwachsenen vorbehalten sein, da Kinder nur selten in der Lage sind, gerecht zu strafen; nur allzugern lassen sie eben selbst verspürte Erziehungsmaßnahmen postwendend am Hund aus.

Füttern bei Tisch sollte grundsätzlich tabu sein. Der Hund kann zwar seine Mahlzeiten gleichzeitig mit der Familie einnehmen, jedoch ausschließlich aus seinem Napf. Das lästige Betteln wird er erst gar nicht anfangen, wenn er nicht die Erfahrung macht, daß vom Tisch etwas kommen könnte.

Ferienprobleme kennt der Chihuahua-Besitzer nicht. Klein wie er ist, kann der Hund bequem überallhin mitgenommen werden, sogar Fluggesellschaften haben nichts dagegen, daß man kleine Hunde in einer Transportbox in die Passagierkabine mitnimmt. Gut erzogene Hunde erregen auch in den meisten Hotels und Restaurants keinen Anstoß. Bei Wanderungen ist er ein unermüdlicher Begleiter. Klimawechsel verträgt er normalerweise besser als Herrchen, und die Beschaffung der winzigen Futterrationen ist ebenfalls keine Schwierigkeit. Denken Sie daran, bei Einreisen in andere Lander die Impfbestimmungen zu beachten, die bei jedem Tierarzt zu erfragen sind.

Pflege

Obwohl der Chihuahua sehr pflegeleicht ist, gibt es doch einige Dinge, die man beachten sollte. Ähnlich wie die Katze hat er einen ausgeprägten Reinigungstrieb. Trotzdem sollte man seinen Hund jeden Tag einmal durchbürsten. Für die tägliche Pflege benötigen Sie eine weiche Naturhaarbürste oder eine Drahtbürste mit Noppen, einen grob- und einen feinzinkigen Metallkamm.

Ab und zu sollten die Ohren mit einem in Babyöl getauchten Wattestäbchen gereinigt werden.

Wenn Ihr Hund überwiegend auf glattem oder Teppichboden läuft, müssen die Nägel regelmäßig gekürzt werden. Dazu können Sie eine gewöhnliche Nagelzange verwenden. Bei hellen Nägeln sieht man deutlich, bis wohin geschnitten werden darf – nämlich kurz vor dem durchbluteten Teil. Zum Kürzen dunkler Krallen bedarf es einiger Erfahrung, da der Anfang der rot durchbluteten Nagelhaut nicht zu erkennen ist. Bitten Sie evtl. einen Fachmann um Hilfe. Besser ist es, die Nägel regelmäßig und in kurzen Abständen mit einer Sandpapierfeile abzuraspeln. Überlange Nägel – vor allem eingewachsene Daumenkrallen – sind dem Hund nicht nur unangenehm, sondern können ihm auch erhebliche Schmerzen bereiten. Wenn die Nägel zu lang werden, ist auch der richtige Auftritt auf die Ballen und das korrekte Abrollen der Pfote beim Laufen nicht mehr gegeben. Im Laufe der Zeit spreizen sich dann die Zehen, und das sieht wirklich nicht mehr hübsch aus.

Wie bei allen Kleinhunden muß man auch beim Chihuahua aktiv etwas für die Erhaltung der Zähne tun. Der Hund sollte oft Futter erhalten, das von den Zähnen zerkleinert werden muß, damit das Gebiß etwas zu arbeiten hat. Dann sollte man ruhig ab und zu Knochen (vom Kalb oder Rind) oder Büffelhautknochen geben, denn Nagen ist sowohl für die Zähne als auch für das Zahnfleisch nützlich.

Kleine Hunde setzen sehr gern Zahnstein an; dieser sieht nicht nur unschön aus und verursacht üblen Mundgeruch, sondern ist auch verantwortlich für Zahnfleischentzündungen, Zahnfleischschwund und frühen Zahnverlust bereits im Alter von 3 bis 4 Jahren. Viele Hundebesitzer machen es sich bequem und gehen jährlich ein- bis zweimal zum Tierarzt, um den Zahnstein unter Narkose entfernen zu lassen. Eine Narkose ist jedoch immer mit

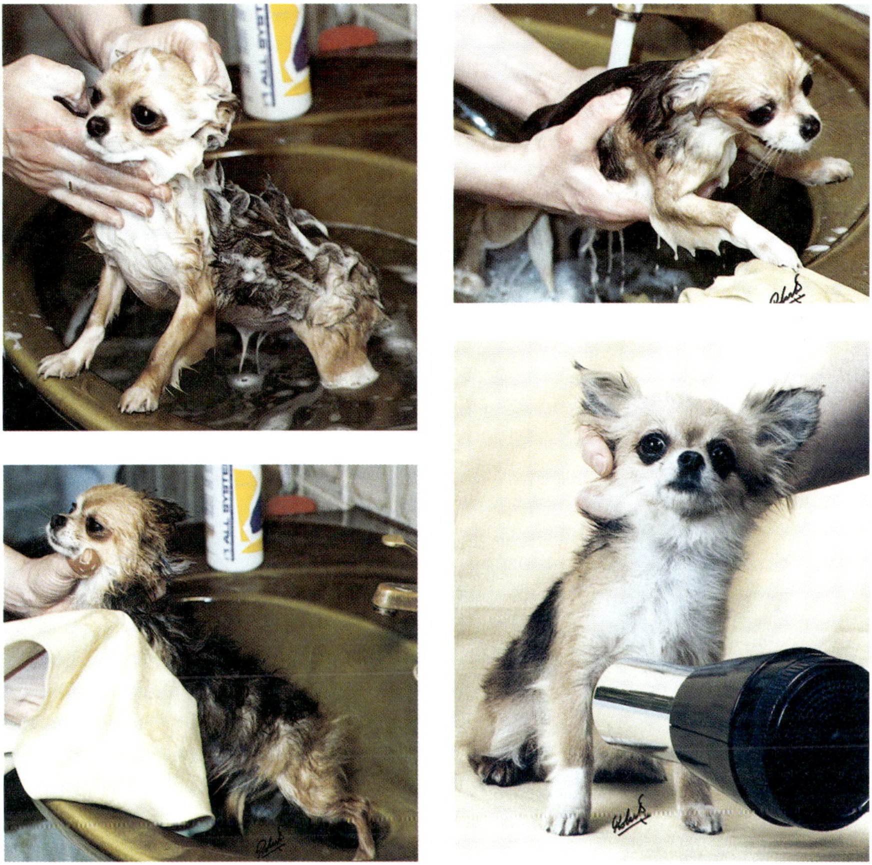

Pflegeleichter geht es nun wirklich nicht mehr: Schamponieren, abspülen, mit Fensterleder abtrocknen und kurz nachfönen

einem gewissen Risiko verbunden, und Sie können sich den Tierarzt sparen, wenn Sie dem Hund regelmäßig im Abstand von ein bis zwei Wochen das Gebiß reinigen. Dazu legen Sie das Tier am besten auf Ihrem Schoß auf den Rücken, nehmen eine nicht zu scharfe Zahncreme (Kinderzahnpasta) und reinigen das Gebiß mit Hilfe eines Leinenläppchens oder Wimpernbürstchens. Notwendig wird die Zahnreinigung erst nach dem Zahnwechsel, also mit etwa einem halben Jahr, es ist jedoch ratsam, den Hund schon von klein an daran zu gewöhnen. Ich beginne meistens schon im Welpenalter damit, dann allerdings mit Leberwurst anstatt Zahncreme. Die Welpen gewöhnen sich damit nicht nur an die Prozedur, es macht ihnen sogar Spaß.

Nach dem Zahnwechsel sollte man kontrollieren, ob wirklich alle Milchzähne herausgefallen sind. Häufig bleiben einzelne Zähne, vor allem die Eckzähne, stehen. Bei Hunden, die später ausgestellt werden sollen, ist es ratsam, die verbliebenen Milcheckzähne ziehen zu lassen, sofern es sich um die unteren handelt. Diese können verhindern, daß der bleibende Zahn, der innen nachkommt, sich richtig nach außen plazieren kann. Bei den oberen Eckzähnen kann ein verbleibender Milcheckzahn den korrekten Stand des neuen Eckzahnes nicht beeinflussen.

Bei blue-fawn-farbenen Chihuahuas (hauptsächlich kurzhaarigen) gibt es noch eine kleine Sondermaßnahme bei der Ohrpflege. Bei diesem Farbschlag, der ein sehr dunkel pigmentiertes Ohrleder hat, kommt es häufig vor, daß ein Haarausfall an den Ohren auftritt. Er beginnt an den Ohrrändern; durch eine fettige Absonderung aus der Haut verkleben die Haare, die sich dann büschelweise ablösen. Wenn nichts unternommen wird, werden die Ohren im Laufe der Zeit kahl und bleiben es auch. Die fettige Absonderung ist so fest und zäh, daß sie sich meist nicht auswaschen läßt. Man muß hier die verklebten Haare mit den Fingern herauszupfen (es geht ganz leicht, weil diese sowieso schon nicht mehr festsitzen). Manchmal sind schon größere Flächen der Ohren betroffen, und man muß auf jeden Fall alle losen Haare entfernen. Danach wird das Ohr mit einer Mischung aus halb Shampoo halb Scheuermilch (Viss o. ä.) gründlich einmassiert, abgespült und abgetrocknet und hinterher gut mit *Oleum Cocos Hydrogenatum* (erhältlich in der Apotheke, kostet nur ein paar Pfennige) eingerieben (Foto S. 102). Innerhalb weniger Wochen ist das Ohr wieder vollständig behaart. Meist genügt eine einmalige Behandlung, bei manchen Hunden tritt dieses Phänomen noch ein- oder zweimal im Abstand von einigen Monaten auf. Die Ursache für diesen Haarausfall, der auch bei anderen Rassen auftritt, ist nicht bekannt, aber wenigstens können wir diesem Problem mit einfachen Mitteln beikommen.

Ausstellungen

Allgemeines

In Deutschland unterscheiden wir drei Arten von Ausstellungen: Bei den **Internationalen Rassehunde-Zuchtschauen,** die von der FCI (Internationaler Dachverband) geschützt sind, können alle Rassen gemeldet werden.

Die **Spezialzuchtschauen** werden vom VDH (Deutscher Dachverband) geschützt und meist von einem Spezialverein organisiert. Daher können dort auch nur die von dem entsprechenden Verein betreuten Rassen gemeldet werden.

Allgemeine Zuchtschauen, die dritte Ausstellungsart, sind vom VDH geschützte nationale Ausstellungen für Hunde aller Rassen. Da diese Schauen sehr aufwendig in der Organisation sind, werden sie heute nur äußerst selten abgehalten.

Formwertnoten

Vorzüglich (V) erhalten Hunde, die dem Rassestandard in fast vollendeter Weise entsprechen, in allen Teilen größte Vollkommenheit aufweisen, dem Idealtypus am nächsten kommen und die am Ausstellungstag in optimaler Kondition gezeigt werden.

Sehr gut (SG) können Hunde erhalten, die dem Rassestandard in hohem Maße entsprechen und deren anatomischer Bau als nahezu fehlerfrei bezeichnet werden darf, jedoch trotz edler und beachtenswerter Formen nicht an die höchste Qualifikation heranreichen.

Gut (G) können Hunde erreichen, die im allgemeinen den Rassekennzeichen hinreichend entsprechen, jedoch kleinere Mängel aufweisen.

Genügend (GEN) können Hunde erreichen, die zwar im allgemeinen dem Rassestandard noch entspre-

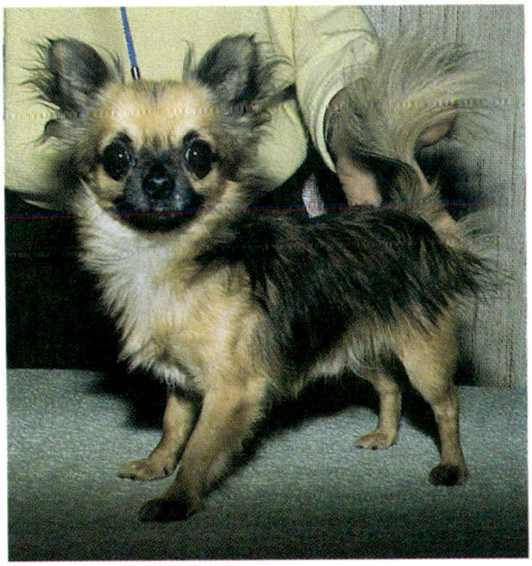

Tischtraining

chen, jedoch größere Mängel aufweisen und sich zur Zucht nicht eignen.

Ungenügend (UGGD) erhalten Hunde, die dem Standard nicht entsprechen oder mit groben Fehlern behaftet und für die Zucht auszuschließen sind.

Klasseneinteilung

Jüngstenklasse: Für Junghunde, die am Tag der Ausstellung zwischen 6 und 9 Monate alt sind; es werden weder Titel noch Titelanwartschaften vergeben. Als Formwert kann erreicht werden: Vielversprechend – versprechend – wenig versprechend.

Jugendklasse: Für Hunde, die am Tag der Ausstellung zwischen 9 und 18 Monate alt sind. Erreichbare Formwertnoten: V, SG, G, GEN, UGGD. Es können Jugendsiegertitel und Jugendchampion-Anwartschaften zur Vergabe kommen.

Offene Klasse: Für Hunde, die am Tag der Ausstellung mindestens 15 Monate alt sind. Erreichbare Formwertnoten: siehe Jugendklasse. Es können Tagessiegertitel und Championats-Anwartschaften errungen werden.

Siegerklasse: Für Hunde, die bei Abgabe der Meldung einen der nachstehenden Titel bestätigt haben: Internationaler Champion, Nationaler Champion (eines FCI-Landes), FCI-Weltsieger, Deutscher Bundessieger. Formwertnoten: wie Jugendklasse.

Vergabe von Anwartschaften

In Verbindung mit der Vergabe der Formwertnote „Vorzüglich“ und dem 1. Platz (Kurz: V1) und dem 2. Platz (Kurz: V2) steht es dem Richter frei, den entsprechenden Hunden eine Titelanwartschaft, bzw. eine Reserve-Titelanwartschaft zu vergeben. In Deutschland werden nachstehende Anwartschaften in Wettbewerb gestellt:

CACIB = Certificat d'Aptitude au Championnat International de Beauté = Anwartschaft für den Titel Internationaler Schönheits-Champion.

Um die Anwartschaft für das CACIB kommen jeweils die V1-Hunde aus der Sieger- und der Offenen Klasse ins Stechen. Der bessere dieser Hunde kann das CACIB, der zweitbeste das Reserve-CACIB zuerkannt bekommen. CACIB und Res.-CACIB werden nach Rüden und Hündinnen getrennt vergeben.

CAC = Anwartschaft für den Titel „Deutscher Champion“ (CACs, die im Ausland errungen werden, zählen für das nationale Championat des jeweiligen Landes, in dem sie errungen werden).

Das CAC kann in Deutschland in der Siegerklasse *und* in der Offenen Klasse an den V1-Hund vergeben werden, jeweils für Rüden und Hündinnen getrennt.

VDH-CAC = Anwartschaft für den Titel „Deutscher Champion VDH". Vergabebedingungen wie CAC.

JCAC = Anwartschaft für den Titel „Deutscher Jugendchampion". Kann an die V1- oder SG1-Hunde der Jugendklasse vergeben werden, ebenfalls getrennt für Rüden und Hündinnen. Hier gibt es keine Reserve-Anwartschaften.

Reserve-Anwartschaften gibt es bei CACIB, CAC und VDH-CAC. Eine Reserve-Anwartschaft kann zur Anwartschaft aufrücken, wenn der für die entsprechende Anwartschaft vorgeschlagene Hund am Tage der Ausstellung den Titel, für den die Anwartschaft zählt, bereits bestätigt bekommen hat. Oder wenn sich herausstellt, daß der für die Anwartschaft vorgeschlagene Hund diese zu Unrecht erhalten hat (in der falschen Klasse gemeldet etc.)

Hunde, die in der Ehrenklasse, Veteranenklasse oder außer Konkurrenz gemeldet sind, können nur eine Plazierung erhalten. Die Erstplazierten nehmen am Wettbewerb um den Rassebesten, nicht jedoch um Anwartschaften oder Titel teil.

Auf Ausstellungen werden jeweils die vier besten Hunde einer jeden Klasse plaziert, sofern sie einen Mindestformwert von „Gut" erhalten haben. Nach Beendigung des Richtens einer Rasse wird aus allen V1-Hunden dieser Rasse der Rassebeste (BOB = Best of Breed) ermittelt.

Vergabebedingungen für Titel

Internationaler Champion: Man benötigt mindestens vier CACIBs aus drei verschiedenen Ländern, davon mindestens eines aus dem Land, in dem der Besitzer des Hundes lebt oder aus dem die Rasse entstammt. Die erhaltenen CACIBs müssen von drei verschiedenen Richtern vergeben worden sein, außerdem muß es einen Mindestabstand von einem Jahr und einem Tag zwischen dem ersten und letzten CACIB geben. Der Titel muß unter Beifügung der CACIB-Karten und der Ahnentafelkopie des Hundes beim VDH beantragt werden. Kosten: 20 DM.

Deutscher Champion: Vier deutsche CACs von mindestens 3 verschiedenen Richtern. Zwischen dem ersten und letzten CAC muß ein Mindestabstand von einem Jahr und einem Tag liegen. Der Titel wird beim jeweiligen Rasse-Spezialclub beantragt. Kosten: keine.

Deutscher Champion VDH: Wie „Deutscher Champion", aber mindestens 2 der VDH-CACs müssen auf Internationalen Ausstellungen errungen worden sein. Der Titel wird beim VDH beantragt. Kosten: 60 DM.

Deutscher Jugendchampion: 3 Jugend-CACs von zwei verschiedenen Richtern. Wenn ein CAC in Verbindung mit BOB (Rassebester) er-

Ch. Pebbles und Ch. Robin Stups vom Scillawald mit der Autorin als „Bestes Paar der Ausstellung" bei der Österreichischen Bundessieger-Zuchtschau 1994

rungen wurde, zählt es doppelt. Eine Zeitvorgabe gibt es nicht. Titel wird beim jeweiligen Rasse-Spezialclub beantragt. Kosten: keine.

Die Erfüllung der Bedingungen für einen Titel berechtigen noch nicht zur Führung des Titels, sondern erst die offizielle Bestätigung durch die entsprechende Stelle.

Außer den Championtiteln, die durch das Sammeln von Anwartschaften errungen werden können, werden auf vielen Ausstellungen zusätzlich noch Tagestitel vergeben, die mit der Zuerkennung des CACIB oder V1 oder dem Jugend-CAC (Jugendtitel) gekoppelt sind.

Ausstellungsvorbereitungen

Anmeldung

Bevor Sie sich mit Ihrem Chihuahua für eine Ausstellung anmelden, wäre es zweckmäßig, den „Kandidaten" einem Fachmann (meist ist es der Züchter) zu zeigen, um von vornherein auszuschließen, daß er irgendwelche Fehler aufweist, die eine gute Bewertung unmöglich machen.

Ort und Datum bevorstehender Ausstellungen erfahren Sie über den VDH (Adresse s. Anhang) oder den Spezialclub. Dort erhält man auch die Anschriften, über die die Meldeunterlagen angefordert werden können.

Meldeschluß ist z. T. bis zu sechs Wochen vor dem Ausstellungstermin; Sie müssen die Papiere also rechtzeitig anfordern. Das Meldegeld pro Hund beträgt bei Internationalen Ausstellungen etwa 70 DM, Spezialzuchtschauen sind in der Regel billiger.

Läufige, trächtige und säugende Hündinnen dürfen nicht ausgestellt werden.

Ausstellungstraining

Ein Ausstellungshund sollte am besten von klein an trainiert werden. Es wird verlangt, daß der Hund (möglichst ohne Angst) auf dem Tisch steht, sich vom Richter anfassen und zur Kontrolle des Gebisses den Fang öffnen läßt. Ängstliche oder gar bissige Hunde, die sich in einem oder mehreren Punkten nicht beurteilen lassen (z. B. Gebiß, Gangwerk), bekommen dafür mindestens eine Formwertnote abgezogen.

Nach der Bewertung auf dem Tisch muß der Hund noch eine oder mehrere Runden im Ring an der Leine laufen, damit der Richter den Bewegungsablauf und das Gangwerk beurteilen kann. Außerdem erhält er dadurch einen Eindruck des Charakters: Ist der Hund wesensfest und charakterlich einwandfrei, oder ist er scheu, ängstlich, nervös?

Das Stehen auf dem Tisch übt man am besten, indem man den Hund mehrmals wöchentlich auf einen Tisch mit einer rutschfesten Unterlage stellt. Dabei sollte der Hund daran gewöhnt werden, sich „aufbauen“ zu lassen, d. h., man hält das Köpfchen hoch, stellt die Vorder- und Hinterbeine parallel, achtet darauf, daß die Ellbogen und Pfoten nicht ausgedreht werden und daß der Rücken gerade ist. Legt der Hund die Ohren an, hilft man nach durch leichten Druck mit Daumen und Zeigefinger auf den hinteren Ohransatz. Meistens muß man auch die Rute etwas hochhalten. Um dem Tier jedwede Angst vor dem Tisch zu nehmen, sollten Sie immer darauf bedacht sein, ihm die Übungsminuten so angenehm wie möglich zu machen (Loben, Streicheln, Belohnungshäppchen). Ferner sollte man vermeidbare schlechte Erfahrungen auf dem Tisch (z. B. Tierarzt) umgehen, so halte ich meine Hunde grundsätzlich auf dem Arm, wenn sie ihre jährliche Impfung erhalten usw.

Läßt sich der Hund schließlich von Ihnen ohne Schwierigkeiten „aufbauen“, abtasten und in das Gebiß schauen, kann man ihn langsam daran gewöhnen, sich diese Prozedur auch von anderen Personen gefallen zu lassen.

Das Gehen an der Leine und das „Präsentieren“ bereitet Hunden, die es gewohnt sind, auf belebten Straßen an der Leine ausgeführt zu werden, normalerweise keine Schwierigkeiten. Manche Hunde sind in dieser Beziehung echte Naturtalente, die die Beurteilung auf dem Tisch ohne vorheriges Üben über sich ergehen lassen, und sich auch auf dem Boden freudig und ohne Hemmungen zeigen. Andere gewöhnen sich nie an den Ausstellungsrummel und machen eine recht traurige Figur im Ring; diese werden, selbst wenn sie sonst fehlerfrei sind, nur ganz selten bei starker Konkurrenz auf den vorderen Plätzen zu finden sein.

Am Ausstellungstag selbst soll der Hund in bestmöglicher Kondition vorgestellt werden: Ein Bad zwei bis drei Tage vor der Ausstellung (damit sich das Haar wieder legen kann), sorgfältig gereinigte Ohren und Zähne sowie ein glänzendes, gepflegtes Haarkleid sind selbstverständliche Voraussetzungen. Bei gut behaarten Langhaar-Chihuahuas kommt es zuweilen vor, daß zwischen den Zehen lange Haarbüschel hervorwachsen, die fast aussehen wie Schwimmflossen. Da diese die Pfote unvorteilhaft lang erscheinen lassen, sollten sie auf Nagellänge gekürzt werden.

Manchen Hundebesitzer hört man sagen: „Ausstellen – das tue ich meinem Hund nicht an!“ Zumindest für Chihuahuas, die ohne jeglichen Aufwand und vollkommen natürlich ausgestellt werden können, trifft diese Aussage nicht zu. Sicher ist es oft der Ehrgeiz und ein gewisser Vorzeigestolz, der einen Hundebesitzer dazu veranlaßt, seinen Hund auszustellen. Wir dürfen aber nicht vergessen, daß speziell unsere Chihuahuas auch potentielle kleine „Angeber“ sind, die es genießen, im Mittelpunkt zu stehen. Für so einen Hund ist eine Ausstellung immer ein festliches Ereignis. Gegen seinen Willen läßt sich ein Chihuahua sowieso nicht zum Ausstellungschampion zwingen, egal wie schön er sein mag. Wenn er wie ein Unglückshäufchen durch den Ring schleicht, läßt man ihn gerne zu Hause …

Bevor Sie sich auf den Weg zur Ausstellung machen, sollten Sie sicher sein, daß Sie nachstehende Unterlagen dabeihaben: Annahmebestätigung Ihrer Meldung, Aussteller-Einlaßkarte, die Ahnentafel(kopie) des Hundes und den Impfpaß mit der gültigen Tollwut-Impfbescheinigung (Impfung mindestens vier Wochen alt, aber nicht älter als ein Jahr).

Der Ausstellungstag

Man sollte so frühzeitig von zu Haus wegfahren, daß man das Ausstel-

Verdienter Sieg im Wettbewerb „Kind mit Hund"

lungsgelände pünktlich und ohne Hetze erreicht. Der Hund merkt sofort, wenn Herrchen in Hektik ist, und reagiert entsprechend mit Nervosität und Unsicherheit im Ring.

Bevor man in das Ausstellungsgelände eingelassen wird, muß man durch eine Veterinär- und Einlaßkontrolle. Um Verzögerungen zu vermeiden, sollten Sie deshalb am Eingang Ihre Annahmebestätigung und den Impfpaß bereithalten. Aus dem Katalog können Sie ersehen, an welchen Ring Sie müssen. Der nächste Weg geht nun zu den Boxen oder zum Richtertisch, wo Sie sich die Startnummern abholen. Im Ring selbst befindet sich in der Regel eine Tafel, auf der die Reihenfolge der zu richtenden Rassen abzulesen ist. Andernfalls fragen Sie den Sonderleiter, einen Ringhelfer oder einen anderen Aussteller, wann die Rasse gerichtet wird.

Bevor Sie mit dem Hund in den Ring gehen, wird er nochmals durchgebürstet; gegebenenfalls wischen Sie auch die Augen nochmals aus. Ihre Startnummer muß gut sichtbar an der Kleidung angebracht sein. Wenn Sie mit mehreren Ausstellern in der Klasse in Konkurrenz stehen, stellen Sie sich in der Reihenfolge der Startnummern auf. Gewöhnlich läßt der Richter alle Hunde einer Klasse einige Runden zusammen im Ring laufen, um sich einen Überblick zu verschaffen. Wenn sich Ihr Hund dabei vorteilhaft zeigt, haben Sie schon einen Pluspunkt.

Danach erfolgt die Einzelbewertung auf dem Tisch. Der Richter diktiert dem Ringschreiber während dieser Beurteilung den Richterbericht, den Sie nach der Ausstellung erhalten. Zur Beurteilung des Gangwerkes, der Rückenlinie in der Bewegung, Rutenhaltung usw. muß sich der Hund nach Anweisung des Richters noch einmal in der Bewegung zeigen. Der Hund wird beim Vorführen an Ihrer linken Seite an der Leine geführt.

Nachdem alle Hunde durchbewertet sind, läßt sie der Richter meistens ein weiteres Mal gemeinsam eine Runde laufen; danach erfolgt die Placierung. Der Erstplazierte muß später noch einmal in den Ring zum Stechen um den Titel, CACIB und Rassebester.

Nach Beendigung des Richtens kann man am Richtertisch die Beurteilung und gegebenenfalls Urkunden abholen. Das Ausstellungsgelände darf jedoch erst nach dem Ende der Ausstellung (meistens zwischen 16 und 17 Uhr) verlassen werden, denn schließlich wollen die Besucher Hunde sehen und nicht leere Ringe und Käfige.

Zucht

Allgemeines

Grundlage für die züchterisch positive Entwicklung einer Rasse ist die sorgfältige Auswahl der Zuchttiere. Rasseuntypische, fehlerhafte und wesensgestörte Tiere müssen von der Zucht ausgeschlossen werden, wenn wir unsere Rasse gesund und vital erhalten wollen. Es ist nichts dagegen einzuwenden, daß der Privatbesitzer seine Hündin einmal decken läßt, um die Aufzucht eines Wurfes mitzuerleben, vorausgesetzt, die Hündin entspricht in den wesentlichen Teilen dem Standard und ist auch anatomisch für ein problemloses Austragen und Werfen der Welpen geeignet. Beim Chihuahua trifft man oft auf die Schwierigkeit, daß ein gewisser Prozentsatz der Hündinnen für Zuchtzwecke einfach zu klein ist, zumal die Welpen im Verhältnis zur Mutter sehr groß geboren werden.

Bevor man sich entschließt, seine Hündin decken zu lassen, sollte man sich darüber im klaren sein, daß die Aufzucht eines Wurfes sowohl einen beachtlichen finanziellen Aufwand bedeutet als auch einen enormen persönlichen Einsatz fordert. Wer sich von einem Wurf finanzielle Gewinne verspricht, wird wohl spätestens nach der Endabrechnung eine böse Überraschung erleben. Leider ist es auch nicht immer so, daß die Welpen reißenden Absatz finden. Vor allem ein unbekannter Züchter, der seinen ersten Wurf macht, muß sich darauf einstellen, daß er einige Zeit auf den Kleinen „sitzenbleibt". Zwar versucht auch der Verein, die Welpen an Interessenten weiterzuvermitteln, aber die Zahl der Anfragen bei der Welpenvermittlungsstelle wird von den meisten Mitgliedern stark überschätzt.

Wer sich jedoch aller Probleme bewußt und dennoch bereit ist, weder Kosten noch Mühe zu scheuen, der wird nach einem geglückten Wurf einige unvergeßliche Wochen erleben: Zu beobachten, wie sich die winzigen, unscheinbaren Welpen in kurzer Zeit unmerklich zu kleinen Hundepersönlichkeiten entwickeln, wie sie jeden Tag wachsen und Neues lernen, vermittelt ein ungekanntes Glücksgefühl. Bis es jedoch dazu kommt, muß man zahlreiche Formalitäten erfüllen, sollen die Welpen ordnungsgemäße Papiere erhalten.

Jeder seriöse Zuchtverband hat eine **Zuchtordnung,** zu deren Einhaltung und Befolgung sich die angehörenden Züchter verpflichten.

Zuchtordnungen sind nicht dazu da, die Freiheiten der Züchter einzuschränken, sondern sie dienen dazu, das Zuchtniveau auf einen höchstmöglichen Stand zu bringen, negative Merkmale (insbesondere in bezug auf den gesundheitlichen Aspekt) auf ein Minimum zu begrenzen, und nicht zuletzt schützen sie die Belange der Zuchttiere, hier sind vorrangig Haltung, Unterbringung und Schutz vor Ausnutzung usw. zu benennen. Je strenger die Zuchtordnung, desto größer wird die Gewißheit für den Hundekäufer, daß er ein typisches, gesundes und bestmöglich aufgezogenes Tier erwirbt.

Die wohl strengsten Zuchtbestimmungen in Deutschland sind derzeit beim Verband Deutscher Kleinhundezüchter e.V. (VDH/FCI) zu finden, der insbesondere bei den Zuchtzulassungen für die Zuchttiere höchste Ansprüche an die Züchter stellt. Nachfolgend nur in kurzen Auszügen die Grundforderungen:

- Hündinnen dürfen frühestens im Alter von 15 Monaten und längstens bis zur Vollendung des achten Lebensjahres zur Zucht verwendet werden. Rüden können ab Erlangung der Zuchtzulassung (frühestens mit 9 Monaten möglich) unbegrenzt eingesetzt werden.
- Hündinnen dürfen nur einen Wurf im Kalenderjahr haben. Bei Wurfstärken von ab 4 Welpen müssen mindestens 12 Monate zwischen zwei Belegungen liegen.
- Hündinnen, die mit zwei Schnittgeburten entbunden haben, sind von weiterer Zuchtverwendung ausgeschlossen.
- Die artgerechte Haltung und Aufzucht der Welpen wird durch Zuchtwarte überwacht. Bei Nichtbeachtung werden Zuchtsperren verhängt.

Bevor Hunde in die Zucht gelangen, müssen sie eine Zuchtzulassungsprüfung (ZZP) bestehen. Dazu werden sie von 2 Zuchtrichtern auf ihr rassetypisches Äußeres und einwandfreie Charaktereigenschaften geprüft. Sie müssen frei von Kniescheibenluxationen sein, Hündinnen werden darüber hinaus nur zur Zucht freigegeben, wenn es aufgrund ihrer Größe und anatomischen Gegebenheiten möglich erscheint, daß sie ohne Schwierigkeiten austragen und werfen können.

Das Protokoll der ZZP beschreibt das vorgestellte Tier in allen Einzelheiten, die Berichte werden mit ihren Ergebnissen jährlich zu einem Buch zusammengefaßt, so daß sie von jedem Züchter eingesehen und für seine Zuchtplanung verwendet werden können. Hunde mit anatomischen Mängeln und sichtbaren Fehlern sind von der Zucht ausgeschlossen. Neben einer uneingeschränkten Zuchtzulassung gibt es noch die Möglichkeit der Begrenzung auf eine gewisse

Deutscher Jugendchampion, Europa- und Bundesjugendsiegerin Mexican's little Future

Anzahl von Würfen/Deckakten oder der Beschränkung auf vorgeschriebene Zuchtpartner. Eine Zuchtzulassung auf Lebenszeit kann von der Zuchtleitung jederzeit wieder entzogen werden, wenn sich bei Nachkommen Erbfehler zeigen.

Hunde mit uneingeschränkter Zuchtzulassung und drei „Vorzüglich"-Bewertungen auf Ausstellungen von mindestens zwei Richtern erhalten die Körung. Nachkommen von zwei gekörten Elterntieren gelten als „Körzucht", und die Wurfeintragung wird billiger.

An einer ZZP dürfen nur Hunde teilnehmen, die tätowiert und im Besitz einer FCI-anerkannten Ahnentafel oder Registrierbescheinigung sind. Letzteres sind Papiere von Hunden die nicht in FCI-anerkannten Verbänden gezüchtet wurden. Werden solche Hunde in ein VDH-Zuchtbuch übernommen, wird die Originalahnentafel einbehalten, und es wird eine Registrierbescheinigung erstellt, auf der die Ahnen des Hundes nicht aufgeführt werden. Registrierhunde können wie Hunde mit regulären Ahnentafeln nach bestandener ZZP zur Zucht eingesetzt und ausgestellt werden. Außer dem Titel „Internationaler Champion" (den die FCI für Registrierhunde nicht bestätigt), kann er jeden anderen Champion- und Tagestitel erringen. Das von Registrier-Hunden gewonnene CACIB geht stets auf den Reserve-CACIB-Hund über, sofern dieser eine normale Ahnentafel besitzt. Nachzuchten von Registrier-Hunden erhalten nach 3 Generationen wieder reguläre Ahnentafeln.

Nach bestandener Zuchttauglichkeit ist es für den angehenden Züchter an der Zeit, beim Zuchtbuchamt einen Zwingernamen schützen zu lassen. Dazu werden formlos zwei oder drei Namenswünsche angemeldet. Ist einer der Namen noch nicht vergeben, auch nicht in einer Form, die eine Verwechslung mit einem anderen Züchter ermöglicht, wird dieser Zwingername für den Antragsteller geschützt. Als Nachweis darüber erhält dieser eine Zwingerschutzkarte.

Der Deckrüde

Da sich der Deckrüde im Gegensatz zur Hündin, die maximal etwa sechs Würfe haben kann, eigentlich unbegrenzt vermehren kann, sollten an seine Qualitäten ganz besondere Ansprüche gestellt werden. Für einen Gelegenheitszüchter, der nur eine oder zwei Hündinnen besitzt, lohnt sich daher die Anschaffung eines teuren Qualitätsrüden nicht, zumal dieser ja schon bei der nächsten Generation, seinen Töchtern, nicht mehr eingesetzt werden kann. Die Haltung eines Rüden ist wohl erst ab vier Hündinnen und mehr zu empfehlen. Die laufenden Kosten, die bei seiner Haltung anfallen, übersteigen bei weitem den Betrag, den man ausgeben muß, um mit zwei oder drei Hündinnen jährlich zum Decken zu fahren. Die Deckgebühr liegt bei etwa 500 DM, für besonders hoch bewertete Rüden auch schon einmal mehr. Deckrüdenbesitzer müssen für jeden Deckrüden ein eigenes Deckbuch führen, in dem Decktag, Hündin, resultierende Wurfstärken und Qualität des Nachwuchses festgehalten werden; nur so ist ein Überblick über die Nachkommenschaft zu erhalten.

Die Zuchthündin

Erste Voraussetzung für eine gute Zuchthündin sind einwandfreie körperliche und charakterliche Eigenschaften. Es wird zwar oft behauptet, daß eine nervöse Hündin nach einem Wurf ausgeglichener würde, dies ist jedoch nicht der Fall; wahrscheinlicher ist, daß sie ihre Wesensschwäche auf ihre Nachkommen überträgt und vererbt. Ebenso ist es ein Gerücht, daß jede Hündin in ihrem Leben mindestens einen Wurf haben sollte, um Gebärmutter- und Gesäugekrebs vorzubeugen. Abgesehen davon, daß Gebärmutterkrebs bei Hündinnen äußerst selten vorkommt, ist es erwiesen, daß Hündinnen, die geboren haben, genauso oft, bzw. selten daran erkranken wie andere (Chihuahuas scheinen im übrigen sowieso nicht anfällig für Krebserkrankungen zu sein). Auch scheinträchtigkeitsanfällige Hündinnen werden nicht durch einen Wurf „geheilt“. Scheinträchtigkeiten sind Störungen im Hormonhaushalt, Hündinnen mit dieser Veranlagung sollten auf keinen Fall in die Zucht!

Das ideale Gewicht für eine Zuchthündin liegt zwischen zwei und zweieinhalb Kilo. Kleine Hündinnen sollten nur von erfahrenen Züchtern für die Zucht verwendet werden, und auch nur dann, wenn sie von der Abstammung und Qualität her für die Zucht unentbehrlich sind.

Wer sich eine Zuchthündin zulegen möchte, ist gut beraten, sich für eine ganz oder fast ausgewachsene Hündin zu entscheiden anstatt für einen Welpen. Es passiert immer wieder – auch erfahrenen Züchtern –, daß sich ein Welpe so unvorteilhaft auswächst, daß er für Zuchtzwecke unbrauchbar wird.

Oft hört man, eine Hündin sei zwar nicht für Ausstellungen geeignet, für die Zucht sei sie aber gut genug … Dazu möchte ich folgendes bemerken: Eine Hündin, die keine ausreichenden Qualitäten für Ausstellungen mitbringt, möchte ich erst recht nicht in der Zucht einsetzen.

Wenn man die Wahl zwischen zwei gleichwertigen Hündinnen hat, sollte man sich für die entscheiden, die aus dem größeren Wurf stammt, denn die Veranlagung für Fruchtbarkeit ist vererblich. Es gibt Linien, deren Hündinnen über Generationen hinweg große, gesunde Würfe bringen. Bei anderen wiederum sind Kaiserschnitte fast die Regel. Mit solchen Linien sollte der verantwortungsbewußte Züchter die Zucht besser einstellen.

Eine Hündin kann laut Zuchtordnung ab dem vollendeten 15. Monat gedeckt werden, Zuchttauglichkeit vorausgesetzt. In diesem Alter sind viele Hündinnen jedoch noch so unfertig, daß man wenigstens noch eine Hitze abwarten sollte. Normalerweise wird die Hündin um den achten bis zehnten Monat das erste Mal läufig, danach regelmäßig im Abstand von etwa fünf bis sieben Monaten. Der Ablauf der Hitze ist von Hündin zu Hündin sehr verschieden. Die Läufigkeit beginnt meist damit, daß die Scheide deutlich größer und dicker wird. Nach wenigen Tagen bekommt die Hündin einen roten Ausfluß, der zuerst immer dunkler und dann wieder heller wird. Mit dem Hellerwerden schwillt die Scheide wieder ab und wird schlaffer. Mit einem weißen Tuch sollte man jetzt ein- bis zweimal täglich den Ausfluß auf seine Farbe untersuchen; sobald er hellrosa ist, sollte man die Hündin unverzüglich decken lassen.

Die Deckbereitschaft wird auch dadurch deutlich, daß sich die Hündin sichtlich „anbietet“, auch bei Streichen mit dem Finger gegen den Haarstrich von der Rutenwurzel über den Rücken verzieht die Hündin die Rute deutlich sichtbar, auch die

Rückenhaut zieht sich dabei zusammen.

Manche Hündinnen neigen zu sog. „trockenen“ Hitzen, d. h., es ist kein oder kaum Ausfluß festzustellen, nur die Scheide wird dicker. Auch bei solchen Läufigkeiten kann die Hündin mit Erfolg gedeckt werden, nur ist der richtige Decktag dann schwerer zu bestimmen. Bei den meisten Hündinnen fällt dieser etwa auf den 10. bis 14. Tag der Läufigkeit, in Ausnahmefällen wollen Hündinnen jedoch schon ab dem 6. oder erst nach dem 20. Tag gedeckt werden!

Wer keinen eigenen Deckrüden besitzt, sollte sich sofort zu Beginn der Hitze mit dem Besitzer des auserwählten Deckrüden in Verbindung setzen, damit dieser sich darauf einrichten kann. Selbstverständlich muß die Hündin zur Zeit des Belegens in allerbester Verfassung, d. h. weder zu dick noch zu dünn sein, noch darf sie irgendwelche Anzeichen von Krankheit aufweisen.

Der Deckakt

Im allgemeinen ist es üblich, daß die Hündin zum Deckrüden geführt wird. Bevor der Rüdenbesitzer seinen Rüden zur Hündin läßt, muß er sich anhand der Ahnentafel versichern, daß die Hündin belegt werden darf, d. h., ob sie die Zuchttauglichkeit hat, sich innerhalb des geforderten Mindest- oder Höchstzuchtalters befindet und keine Zuchtsperre hat.

Die Hündin sollte vor dem Deckakt ausgiebig Gassi gehen. Denn nach dem erfolgten Deckakt sollte sie nach Möglichkeit einige Stunden nichts tun. Hündin und Rüde werden sich, nachdem man sie zusammengelassen hat, erst einmal ausgiebig beschnüffeln, und danach meist miteinander spielen; dabei bietet sich die Hündin dem Rüden eindeutig an und fordert ihn zum Decken auf. Will der Rüde jedoch aufsteigen, überlegt sie es sich meistens anders; es passiert nicht selten, daß sie sogar ausgesprochen böse wird und versucht, den Rüden zu beißen. Ich bin nicht dafür, daß der Deckakt vollzogen wird, wenn sich beide Hunde frei bewegen. Wenn man das Gefühl hat, daß der Zeitpunkt gekommen ist, wo beide für eine Verpaarung bereit sind, sollte die Hündin vorne festgehalten werden. Es ist manchmal nicht vorauszusehen, wie eine Hündin reagiert, und so muß immer gewährleistet sein, daß man sofort eingreifen kann. Während des Deckaktes vergrößern sich innerhalb der Scheide die Schwellkörper am Penis des Rüden, mit der Scheidenmuskulatur hält die Hündin den Rüden dabei fest. Es kommt zum sogenannten „Hängen“. Dieses kann zwischen fünf Minuten und einer Stunde und mehr dauern, normalerweise jedoch etwa zehn bis zwanzig Minuten.

Nach einigen Minuten wird der Rüde versuchen, sich umzudrehen, so daß die Hunde dann Hinterteil an Hinterteil stehen. Jetzt sollte man aufpassen, daß keiner der Hunde „die Flucht ergreift“, denn der Rüde könnte sich sonst ernstlich verletzen. Kommt es nicht zum „Hängen“, so muß dies keinen Mißerfolg des Deckaktes bedeuten. Wir haben in den letzten Jahren die Erfahrung gemacht, daß fast die Hälfte der Hündinnen nicht mehr klammert, in diesem Fall muß man die beiden Hunde für die Dauer des Deckaktes fest zusammenhalten.

Nach dem Deckakt zahlt der Hündinnenbesitzer die vereinbarte Deckgebühr und erhält vom Rüdenbesitzer die Deckbescheinigung. Es ist üblich, daß der Hündinnenbesitzer nach ein bis drei Tagen zum Nachdecken kommt. Sollte sich herausstellen, daß die Hündin nicht aufgenommen hat, so steht dem Besitzer ein weiterer, kostenloser Deckakt bei der nächsten Hitze mit derselben Hündin und demselben Rüden zu.

Statistisch bleibt etwa ein Drittel aller Deckakte „leer“. Nur in den seltensten Fällen ist der Deckrüde daran schuld. Es ist natürlich anzuraten, daß man einen Rüden benutzt, der bereits Deckerfahrung und Nachkommen hat. Bei den meisten wurflosen Deckakten (gewöhnlich wurde der falsche Decktag gewählt, und unerfahrene Rüden decken auch schon einmal dann, wenn es noch zu früh oder bereits zu spät ist) hat eine Befruchtung wohl stattgefunden, aber aus den verschiedensten Gründen ist danach eine Einnistung der befruchteten Eizellen nicht erfolgt, oder eine begonnene Trächtigkeit wurde nicht fortgesetzt. Da der Organismus der Hündin in der Lage ist, die Feten bis zu einem Alter von etwa 4 Wochen nach außen unsichtbar wieder aufzulösen (resorbieren), bemerkt der Hündinnenbesitzer diesen Vorgang meist nicht (schuld daran können hormonelle Fehlleistungen der Hündin oder Infektionen sein), und es wird dann fälschlicherweise angenommen, daß keine Befruchtung stattgefunden hat.

Die Trächtigkeit

Die Tragezeit einer Hündin liegt zwischen 57 und 64 Tagen, ganz selten weniger (die Welpen sind vor dem 56. Tag in der Regel nicht lebens- oder überlebensfähig). In den ersten drei bis vier Wochen sieht man der Hündin eine Trächtigkeit noch nicht an. Häufig verändert sie sich jedoch auffallend im Wesen, es kommt auch oft vor, daß sie erbricht oder Appetit auf die seltsamsten Dinge zeigt. Ab der vierten bis fünften Woche wird sie langsam ausgefüllt in den Lenden, die Zitzen werden größer und rosafarbener, und sie hat einen leichten, glasigen Ausfluß. Zur Sicherheit sollte die Hündin jetzt noch einmal entwurmt werden.

Die Feten sind zwischen dem 21. und 27. Tag von außen palpierbar, bei kleineren Hündinnen ist es für den Besitzer meist beruhigender, wenn er möglichst früh weiß, daß nicht nur ein Welpe zu erwarten ist. Die Untersuchung muß selbstverständlich von jemand mit Erfahrung durchgeführt werden.

Spätestens dann, wenn man positiv weiß, daß die Hündin tragend ist, sollte man sich daranmachen, eine Wurfkiste zu bauen oder zu beschaffen. Dazu eignen sich stabile Holzkisten, die dick lackiert und somit wasserfest und leicht sauberzuhalten sind. Wir benutzen derzeit Plastikkisten, wie sie fertig und billig in jedem Baumarkt erhältlich sind. Die Kiste sollte gerade so groß sein, daß die Hündin die Möglichkeit hat, den Welpen etwas auszuweichen, und so klein, daß sich die Welpen nicht darin verlieren oder zu weit von der Mutter entfernen können. Als Faustregel rechnet man in etwa in der Breite die ausgestreckte Länge der Hündin, für die Länge das Doppelte. Höhe etwa 20 cm.

Mit fortschreitender Trächtigkeit wird die Hündin zusehends rundlicher. Sie wird jetzt auch bequemer, schläft viel, ist nicht mehr allzu begeistert von langen Spaziergängen und entwickelt meist einen enormen Appetit. Das Futter sollte in dieser Zeit nicht kraß umgestellt werden; vielleicht etwas mehr Obst, Gemüse und Fleisch als sonst, dafür weniger Kohlenhydrate. Zusätzliche Vitamine, Kalziumpräparate oder „Kraftfutter" sollte man tunlichst nicht reichen, jeder Überschuß wird in die Welpen „investiert", d. h., sie werden übermäßig groß und massig, was die Geburt unnötig erschwert.

Spaziergänge können getrost beibehalten werden, auch bei der hochtragenden Hündin; allerdings sollten sie jetzt nicht zu lange und zu anstrengend sein, dafür öfter; sie sind wichtig für die Muskulatur und den Kreislauf.

Etwa ein bis zwei Wochen vor der Geburt bilden sich die Milchleisten aus, und man kann die Bewegungen der Welpen durch die Bauchdecke fühlen und sehen. Bei manchen Hündinnen ist die Milch bereits eine Woche vor der Geburt da, bei einigen schießt sie erst während oder kurz nach der Geburt ein.

Wenn Sie noch keine große Erfahrung mit Züchten haben oder wenn es sich um den ersten Wurf einer Hündin handelt, ist es ratsam, um den 55. Tag der Trächtigkeit beim Tierarzt ein Röntgenbild machen zu lassen. So können Sie die Mindestzahl der Welpen und deren Größe erkennen und sich ggf. auf Schwierigkeiten einstellen; es kann z. B. sein, daß die Welpen eindeutig zu groß für das Becken sind, was meist nur bei

Einzelwelpen der Fall ist. Auf dem Röntgenbild läßt sich das gut erkennen, und entsprechend kann man Hündin und Welpe unnötigen Geburtsstreß ersparen.

Kurz vor der Geburt senkt sich die Gebärmutter, und die Hündin fällt in den Lenden deutlich ein. Häufig verweigern Hündinnen ein bis zwei Tage vor dem Werfen jegliche Nahrung und setzen vermehrt Kot ab. Ich gebe den Hündinnen dann meist noch eine gute Messerspitze Schlämmkreide oder eine halbe Ampulle Kalzium-Frubiase, um einem Abfallen des Kalziumspiegels vorzubeugen.

Die Geburt

Erstes Anzeichen der nahenden Geburt ist eine große Unruhe der Hündin. Sie läuft suchend umher, will sich verstecken, kratzt und hechelt. Keinesfalls sollte die Geburt ein Ereignis werden, bei dem die ganze Familie, womöglich noch kleine Kinder oder fremde Leute um die Hündin versammelt sind. Am besten bringt man die Hündin mit ihrer Wurfkiste, an die sie sich in den letzten Wochen gewöhnt hat, in ein ruhiges Zimmer, wo sie nicht gestört wird; sie sollte nur von Personen umgeben sein, die sie kennt und zu denen sie ein inniges Verhältnis hat.

Die Geburt kann zwischen 2 und 24 Stunden dauern. Unmittelbar bevor der erste Welpe geboren wird, hat die Hündin starke Preßwehen, die in immer kürzeren Abständen aufeinanderfolgen. Fruchtwasser kann oft schon Stunden vorher abgehen, wenn noch keine Preßwehen vorhanden sind. Jeder Welpe wird – Kopf oder Hinterende voran – in einer Fruchthülle geboren, die mit einer grünlichen bis farblosen Flüssigkeit gefüllt ist. Häufig ist die Fruchthülle schon aufgerissen, und der Welpe wird ohne sie geboren. Ist die Fruchthülle noch intakt und reißt die Hündin sie auch nicht auf, wie es normal wäre, müssen Sie das tun; am besten in Kopfnähe, damit der Welpe gleich atmen kann, das Schnäuzchen wird mit einem Papiertuch gesäubert. Danach kann man ruhig abwarten, bis der Welpe mit der nächsten Wehe vollends ausgestoßen wird.

Hinterend(Steiß)lagen sind manchmal etwas heikler. Die Fruchtblase ist spätestens dann zu öffnen, wenn Hinterbeine und Schwänzchen ausgetreten sind (durch Kälteschock beim Austreten des Hinterteils beginnt der Welpe manchmal reflexartig zu atmen, es wäre fatal, wenn er dabei Fruchtwasser erwischt). Solange der Welpe sich nicht oder fast nicht bewegt, kann man ruhig noch eine Wehe abwarten. Bei zu schwacher Wehentätigkeit oder wenn der Welpe plötzlich sehr lebhaft strampelt (ein Zeichen dafür, daß er in Sauerstoffnot kommt), muß man nachhelfen,

1–2

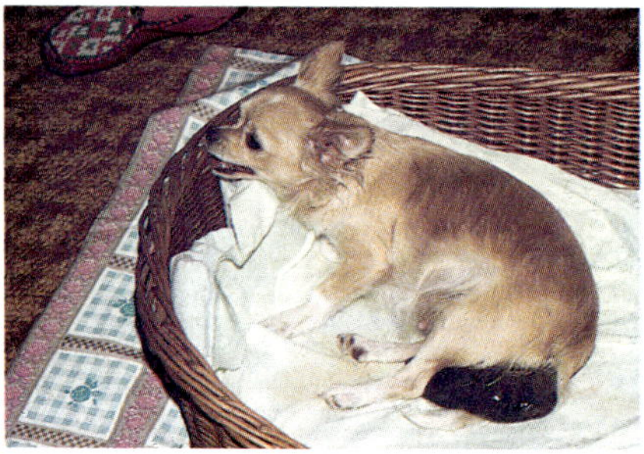

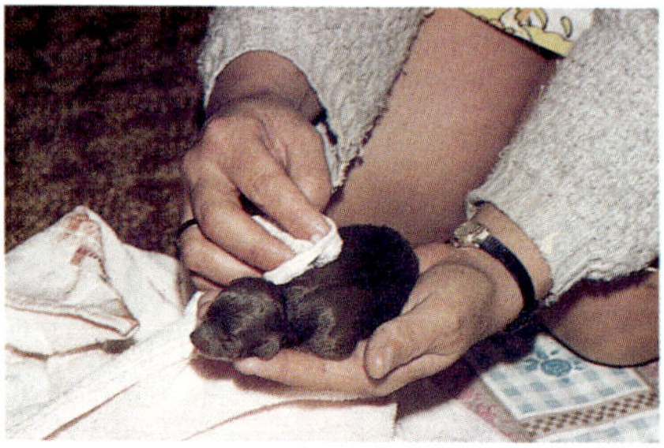

3

4

1 – Anzeichen der nahenden Geburt: das Hecheln
2 – ein Welpe erscheint
3 – das Trockenreiben
4 – die Welpen suchen die Milchquelle

indem man den Welpen beherzt an den Hinterbeinen greift und behutsam, aber gleichmäßig zieht. Zugrichtung immer so, daß das Rückgrat des Welpen bäuchlings gebogen ist. Bei Welpen mit normaler Geburtslage ist das in Richtung zum Bauch der Mutter. Damit einem die Füßchen nicht entgleiten, nimmt man ein Tuch dazu. Ist der Welpe auf diese Weise bis zur Hälfte des Rückens herausgezogen, hält man ihn dann an einer Rückenhautfalte, später an der Nackenhaut, und zieht ihn vollends heraus. Niemals (!) darf man einen Welpen um die Brust fassen und so an ihm ziehen, dabei würde man ihm das Rückgrat überdehnen, er wird dann ersticken! Der Kopf ist der schwierigste Teil bei der Geburt, das Ziehen an der Nackenhaut verhindert die Bildung eines Hautringes um den Kopf, der diesen noch schwerer passieren lassen würde.

Selten wird ein Welpe gleich zusammen mit der Nachgeburt geboren. Meistens kommt zunächst nur der Welpe heraus, der an der gestrafften Nabelschnur hängt. Die Nabelschnur quetscht man mit dem Daumennagel und dem Zeigefinger etwa nach einer Länge von 2 cm ab. Meist blutet sie dann nur wenig nach, und es wird nicht notwendig sein, sie abzubinden (Nähseide). Wir geben einige Tropfen „Lotagen-Tinktur" auf den Nabelstumpf, das desinfiziert, und jegliche Blutung hört sofort auf. Die Hündin zeigt so auch keinerlei Verlangen mehr, weiter an der Nabelschnur herumzukauen. Der Welpe wird dann kräftig abgerubbelt (das bringt Atmung und Kreislauf in Gang), bis er anfängt, laut zu schreien, danach wird er zur Mutter gelegt, die ihn weiter versorgt.

Bei Verdacht auf Fruchtwasser oder Schleimresten in den Atemwegen muß man versuchen, diese herauszuschütteln: Dazu nimmt man den Welpen in die Hand, das Köpfchen vom Zeigefinger gestützt, von Daumen und Mittelfinger gut festgehalten. Dann schwingt man den Welpen mehrmals in großem Bogen kräftig in Richtung Decke und Fußboden durch. Meist beginnt er dann, protestierend zu schreien, was dazu beiträgt, die Atemwege freizumachen.

In der Zwischenzeit sollte mit einer Wehe die Nachgeburt herausgekommen sein. Die Hündin ist meist gierig darauf bedacht, jede Nachgeburt zu fressen; sie enthält wertvolle Stoffe, die sie dringend, nicht zuletzt zur Milchbildung braucht. Da die Hündin allerdings häufig mit starkem Durchfall reagiert, lasse ich unseren nur eine, im Höchstfall zwei Nachgeburten, die übrigen nehme ich weg.

Bei Einsetzen der nächsten Wehen nehme ich die bereits geborenen Welpen aus der Wurfkiste heraus, damit sie von der Hündin nicht erdrückt werden können, und lege sie in Sichtweite der Hündin auf ein Heizkissen. Die Welpen werden meist im Abstand von einer halben bis zwei Stunden geboren. Die Wurfstärke bei Chihuahuas liegt in der Regel zwischen einem und drei bis vier Welpen, seltener darüber. Es gibt Hündinnen, die ganz alleine werfen, die Welpen abnabeln und versorgen. Man sollte jedoch keine Verzögerungen riskieren, bis der Welpe geatmet hat. Daher ist es besser, den/die Welpen soweit selbst zu versorgen.

Komplikationen während der Geburt sind nicht selten, es würde hier allerdings zu weit führen, alle Eventualitäten aufzuzählen. Jede Geburt verläuft anders, und auch nach fast 20 Jahren, während denen ich züchte, erlebe ich sehr oft noch Überraschungen und lerne dazu. Durch konsequente Selektion konnte die Kaiserschnittrate drastisch reduziert werden. Heute stellt jedoch eine Schnittgeburt, ausgeführt von einem erfahrenen Kleintierarzt, kein allzu großes Risiko mehr dar; durch verfeinerte Narkosetechnik und -mittel hat sie ihren Schrecken verloren.

Nachstehende Anzeichen deuten auf eine erschwerte Geburt hin; bei deren Auftreten sollten vor allem Unerfahrene einen Tierarzt zu Rate ziehen:

- Dickflüssiger, dunkelgrüner Ausfluß vor oder während der Geburt. (Deutet auf einen oder mehrere tote Welpen hin.)
- Aussetzen der Wehen über mehrere Stunden, obwohl noch ungeborene Welpen vorhanden sind. (Wehenschwäche, hier kann der Tierarzt die Wehen mit einer Spritze wieder in Gang bringen.)
- Ein bis zwei Stunden starke Preßwehen, ohne daß ein Welpe geboren wird. (Vermutlich ein zu großer oder falsch liegender Welpe. Wenn die Lage des Welpen nicht korrigiert werden kann, ist in diesem Fall wohl ein Kaiserschnitt notwendig.)
- Krämpfe oder Kollaps während der Geburt. (Unverzüglich Tierarzt aufsuchen, da für die Hündin Lebensgefahr besteht. Wenn zur Hand, vor Abfahrt Kreislauftropfen geben.)
- Zurückgebliebene Nachgeburten. (Da diese hohes Fieber, Vergiftungen oder gar den Tod der Hündin verursachen können, wird der Tierarzt versuchen, sie mittels einer Wehenspritze herauszubekommen.)

Es ist dringend anzuraten, bei jeder Geburt ein Protokoll über Einsetzen, Dauer und Stärke der Wehen, Geburtszeit der einzelnen Welpen etc. zu führen, denn so kann sich der Tierarzt, falls man ihn benötigt, ein Bild über den Verlauf der Geburt machen. Diese Niederschrift hilft dem Tierarzt mehr als die unpräzisen Aussagen eines nervösen Hündinnenbesitzers.

Nachsorge und Aufzucht der Welpen

Nach der Geburt des letzten Welpen führt man die Hündin zum Lösen. In der Zwischenzeit sollte eine zweite Person die Wurfkiste saubermachen und die Unterlage auswechseln. Bevor man die Mutter wieder zu den Kindern läßt, wird sie mit lauwarmem Wasser und einer milden Seifenlösung hinten etwas abgewaschen und geföhnt. Jetzt kann man ihr etwas Nahrhaftes und Leichtverdauliches zu essen anbieten, zu trinken bekommt sie Milchkaffee mit Traubenzucker.

Die Hündin braucht jetzt Ruhe; beobachten Sie aus der Ferne, ob sie die Welpen gründlich versorgt. Dazu gehört vor allem eine Massage der Welpen durch intensives Ablecken: Ohne diesen Reiz sind sie nicht in der Lage, sich zu lösen, und sie würden durch innere Vergiftungen daran eingehen. Vor allem bei jungen, erstgebärenden Hündinnen kann es vorkommen, daß man den Instinkt auslösen muß, indem man bei einem Welpen mit einem in Öl getauchten Wattestäbchen mit leichtem Druck über die Genitalgegend rollt. Der Erfolg wird sich schnell einstellen. Wenn Sie jetzt den Welpen der Hündin hinhalten, wird sie instinktiv das Würstchen aufnehmen und den Welpen belecken. Danach wird sie auch bei den restlichen Welpen von selbst so verfahren. Übrigens darf man die Hündin nicht am Fressen des Welpenkots hindern, es sind darin Stoffe enthalten, die sie in der Säugezeit dringend braucht; u. a. wird damit die Milchproduktion angeregt.

In den ersten Stunden und Tagen nach der Geburt sondert die Hündin Kolostralmilch ab; sie ist etwas gelblicher als die spätere normale Milch. Sie enthält wertvolle Abwehrstoffe für die Welpen, außerdem hat sie eine leicht abführende Wirkung, die den Darm von den letzten Spuren des ersten, zähen Kotes, dem Kindspech, reinigen soll. Welpen sollten unbedingt etwas von dieser Milch bekommen, selbst, wenn man sie von der Mutter wegnehmen muß (z. B. wenn sich die Mutter weigert, die Welpen anzunehmen, oder wenn die Wurfstärke so groß ist, daß sie nicht alle von der Mutter aufgezogen werden können).

Das durchschnittliche Geburtsgewicht eines Chihuahua-Welpen liegt zwischen 80 und 150 g. Es gibt auch leichtere Welpen, unter 60 g haben sie in der Regel wenig Überlebenschancen. In Ausnahmefällen gibt es auch regelrechte Schwergewichte von bis zu 250 g!

Ein gesunder Welpe liegt ruhig in der Kiste und schreit nur, wenn er die Mutter vermißt. Seine Haut ist rosig und gut durchblutet und am ganzen Körper außer dem Bauch mit Haar bedeckt. Er fühlt sich warm und fest an. Wenn man ihn von der Mutter entfernt, krabbelt er sofort suchend im Kreis herum; kaum hat er die Mutter wieder gefunden, hört er auf zu wimmern und kuschelt sich an sie oder beginnt zu trinken. Immer wieder, vor allem in großen Würfen, kommt es vor, daß lebensschwache Welpen dabei sind. Sie erkennen diese daran, daß sie meist reglos auf der Seite liegen, Kopf und Beinchen sind unvollkommen behaart. Die Haut sieht eher grau-bläulich aus und fühlt sich immer kühl an. Wenn man sie hochnimmt, erscheinen sie auffallend leicht und schlaff. Ein Sauginstinkt ist meist nicht vorhanden. Diese Todeskandidaten dämmern vor sich hin, geben ab und zu langgezogene Fieptöne von sich und schlafen gewöhnlich spätestens am dritten Tag ein. Die Welpen selbst merken wahrscheinlich nicht sehr viel davon, aber es ist wohl doch humaner, sie gleich einzuschläfern. Es ist nichts dagegen einzuwenden, anfänglich schwache Welpen etwas zu „päppeln", aber spätestens nach fünf Tagen und nach und nach abnehmender Hilfestellung sollte der Welpe in der Lage sein, sich selbst am Leben zu erhalten. Besonders verdächtig ist es, wenn sich die Hündin hartnäckig weigert, ein Junges dieser Art zu versorgen, oder wenn sie gar versucht, es beiseite zu schieben. Sie hat ein scharfes Gespür dafür, wenn mit einem Welpen etwas nicht in Ordnung ist, und man sollte nicht versuchen, den Kleinen um jeden Preis am Leben zu erhalten. Als Züchter hat man die selbstverständliche Pflicht, alles, was nicht wirklich lebensfähig ist, auszulesen, auch wenn es manchmal schwerfällt. Anfangs haben auch wir Tag und Nacht mit der Aufzucht solcher Kümmerlinge verbracht, manchmal auch unter Benachteiligung der gesunden Welpen. Davor kann man nicht eindringlich genug warnen!

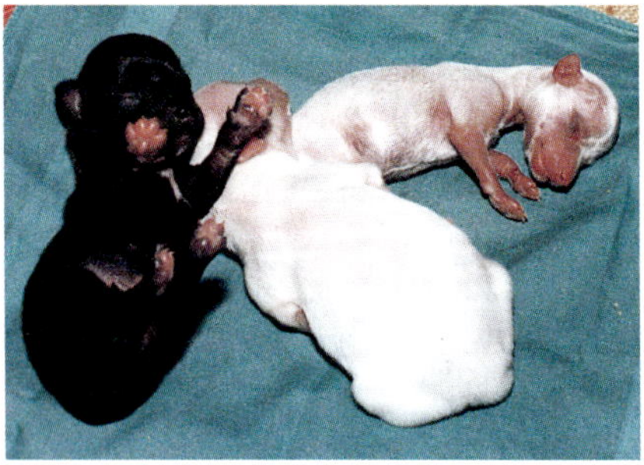

Chihuahua-Langhaar-Welpen, 2 Tage alt; der Welpe oben rechts ist ein typischer Kümmerling, der am 4. Tag verstarb

Anders ist es bei Welpen, die während der ersten Tage nach der Geburt kräftig und gesund erscheinen, und dann plötzlich aufhören zu trinken. Hier liegt eine Infektion vor. Die Welpen werden quasi „steril" geboren, das Immunsystem fängt erst nach der Geburt an, sich langsam aufzubauen. Die Darmwand ist in den ersten Tagen so beschaffen, daß sie die Abwehrstoffe (Immunglobuline) aus der Kolostralmilch passieren läßt. Bei manchen Welpen klappt das nicht, und so sind sie anfangs schutzlos allen Erregern ausgesetzt. Wenn eine Infektion virusbedingt ist, helfen keine Medikamente, Viren kann man nach unserem heutigen medizinischen Stand noch nicht direkt bekämpfen. Man kann versuchen, mit einem Paramunitäts-Inducer das Immunsystem zu aktivieren und zur selbständigen Bildung von Abwehrstoffen anzuregen. Die meistverwendeten Mittel sind derzeit BAYPAMUN oder DUPHAMUN, beides wird in einer Dosierung von etwa 0,3 bis 0,5 ml drei bis fünfmal im Abstand von ca. 24 Stunden subkutan gespritzt. Bei bakteriellen Infektionen haben wir hervorragende Erfolge mit BAYTRIL erreicht. Leider zeigen sich Tierärzte noch sehr schwierig in der Verordnung dieses Medikamentes bei Welpen. Der Beipackzettel

Langhaar-Hündin mit
2 Wochen alten Welpen

liest sich auch in bezug auf die Nebenwirkungen sehr entmutigend. Wir haben schon sehr vielen Welpen (eigenen und fremden) mit diesem Mittel das Leben gerettet. BAYTRIL Oral 2,5 %, ist eine ölige Flüssigkeit. Dosierung wie folgt:

Fingerkuppe des kleinen Fingers in die Flüssigkeit eintauchen, abtropfen lassen, und die an der Fingerspitze verbleibende Menge in die Mundschleimhaut des Welpen einreiben. Zweimalige Wiederholung im Abstand von 24 Stunden. Bei solcher Verabreichung hatten wir bei keinem einzigen behandelten Welpen irgendwelche Unverträglichkeiten oder Folgeschäden beobachten können. Die Wirkung ist so phantastisch, daß man jedesmal wieder staunend vor diesem Wunder steht: Innerhalb weniger Stunden (6–10) ist der Welpe wieder topfit und trinkt selbständig. Rückfälle hatten wir nach dreimaliger Gabe ebenfalls noch nie. Unser erstes Testbaby war ein kleiner Rüdenwelpe, der nach 3 Tagen aufhörte zu trinken, einen Tag habe ich ihn dann mit der Magensonde künstlich ernährt, aber der Welpe baute ab, die Milch wurde nicht mehr verdaut und der Bauch blähte sich unförmig auf, und er hatte sich schon zum Einschlafen apathisch auf die Seite gelegt. Als ich meinen Tierarzt um seine Meinung zum Einsatz des Mittels fragte, sagte er nur: „BAYTRIL – bei einem Welpen! Oh, oh ...“ Aber in diesem Stadium konnte ich eigentlich nichts mehr falsch machen. Gegen 23 Uhr verabreichte ich ihm seine erste Dosis, um 5 Uhr morgens glaubte ich, meinen Augen nicht zu trauen: Der Welpe, nach dem ich die ganze Zeit über nicht mehr geschaut hatte, hing an der Zitze und trank. Ich gab ihm das Medikament noch zweimal. Er entwickelte sich völlig normal und ist heute ein gesunder, robuster vierjähriger Chihuahua, der seinem Besitzer noch keine Minute Sorge bereitet hat. Er war der erste von vielen, die diese Chance erhielten und sie nutzen konnten.

Ich räume dieser Behandlung absichtlich soviel Platz ein, weil ich, nicht zuletzt aufgrund meines Amtes als Zuchtbuchführerin/Zuchtleiterin immer wieder die Erfahrung machen muß, daß sehr viele Welpen sterben, die überleben könnten. Tierärzte stehen kranken, neugeborenen Zwerghundewelpen meist hilflos gegenüber, Aufbauspritzen und die üblichen, zum Einsatz gebrachten Medikamente helfen selten oder nicht.

Es gibt leider Umstände, die eine Handaufzucht aller oder einzelner Welpen notwendig machen. Sowohl zum übergangsmäßigen Zufüttern als auch bei kompletter Flaschenaufzucht verwende ich mit besten Ergebnissen 10 %ige Kaffeesahne. Ich bin damit erfolgreicher als mit jeder anderen, im Handel erhältlichen Welpenersatzmilch, die ich ausprobiert habe. Die Welpen trinken sie sehr gerne, es gibt kein Anrühren, keine Klümpchen und keine verstopften Gummisauger mehr. Es müssen allerdings Multivitamintropfen (Dosierung abhängig vom Präparat) und zweimal wöchentlich eine Prise Schlämmkreide beigefügt werden. Am ersten Tag erhält der Welpe halbstündlich bis stündlich 0,5 ml. Fütterungen richten sich nie nach der Uhr, sondern immer nach dem Welpen. Wenn er unruhig wird, hat er Hunger. Einen schlafenden Welpen sollte man in Ruhe lassen. Ab dem zweiten bis vierten Tag wird etwa alle 2 Stunden rund um die Uhr gefüttert. Die Welpen erhalten jeweils so viel, bis sie von selbst aufhören zu trinken und nach einer kleinen Pause von etwa einer Minute nicht noch mehr wollen. Wenn die Welpen gut zugenommen haben und vital sind, erhalten sie danach tagsüber alle 3 Stunden und nachts noch eine Mahlzeit. Nach einer Woche schlafen sie nachts 6–7 Stunden ohne weiteres durch.

Als Sauger verwende ich Gumminippel, von Puppen- oder Liebesperlenfläschchen, allerdings nicht die dünnen roten, sondern die in der Form von Menschenbaby-Flaschensaugern. Sie werden mit einer heißen Stopfnadel perforiert (nur 1 Loch) und auf eine 2- oder 5-ml-Injektions-Plastikspritze aufgezogen, je nach Größe. Der Kolben wird während des Trinkens ganz langsam nachgedrückt, so wie der Welpe die Milch saugt. Kräftige Welpen brauchen das nicht, sie sollen sich durchaus etwas anstrengen müssen.

Das Füttern mit der Magensonde geht zwar schneller und einfacher, aber es sollte nur erfahrenen Züchtern vorbehalten sein, die in der Zumessung der Futtermengen bei Welpen Bescheid wissen.

Nach der Geburt hat die Hündin noch etwa eine gute Woche dicken, dunklen Ausfluß, der schließlich schwächer wird und aufhört. Nach der siebten Woche kann es erneut zu Ausfluß kommen, der dann etwas länger anhalten kann, aber keinen Anlaß zu Sorge gibt. Der Ausfluß darf allerdings nie übelriechend oder eitrig sein, dann liegt eine behandlungsbedürftige Infektion vor.

Während der Säugeperiode bekommt die Hündin besonders nahrhaftes, eiweiß- und etwas fettreicheres Futter, das ihr den ganzen Tag zu Verfügung steht, so daß sie sich immer, wenn ihr danach ist, bedienen kann. Bei den meisten Chihuahuamüttern muß man das Futter allerdings direkt in die Wurfkiste stellen, die sie freiwillig nicht verlassen würden, auch nicht zum Fressen und Trinken.

Um einer Eklampsie (= lebensbedrohlicher Abfall des Kalziumspiegels) vorzubeugen, sollte man der Hündin ab den letzten Tagen vor der Geburt bis zum Absetzen der Welpen ein Kalziumpräparat verabreichen. Eklampsie, die meist ab der zweiten Woche nach dem Werfen, in Ausnahmefällen jedoch schon früher, im Extremfall bereits vor der Geburt auftreten kann, äußert sich dadurch, daß die Hündin plötzlich unruhig wird und Fieber bekommt. Es folgt ein Muskelzittern, das sich bis zu Krämpfen verstärkt und durch Herzversagen zum Tod führt, wenn man der Hündin nicht rasch Kalzium spritzt. Bei normaler, abwechslungsreicher Fütterung kann eine Eklampsie kaum aus Mangelgründen auftreten. Eklampsie-Hündinnen haben ein stoffwechselbedingtes Problem bei der Verwertung des im Futter enthaltenen Calciums. Bei ihnen verhindert dann auch die orale Kalziumverabreichung die Anfälle nicht, es muß direkt gespritzt werden. Eklampsie-Hündinnen sollten nicht weiter in der Zucht verwendet werden.

Normalerweise verdoppelt der Welpe in der ersten Woche sein Geburtsgewicht. Solange er jedoch trinkt und sich sichtlich wohl fühlt, ist es nicht beunruhigend, wenn er etwas weniger zunimmt.

Die Nabelschnur trocknet aus und fällt nach etwa zwei Tagen ab. Ab etwa dem zehnten Tag beginnt der Welpe, die Augen zu öffnen, aber er kann noch nicht deutlich sehen. Man sollte stets die Nägel kontrollieren, denn sie können schnell recht lang werden und das Gesäuge verletzen.

Sie müssen regelmäßig gekürzt werden. Nach 3 Wochen kann man die erste Wurmkur vornehmen, die im Abstand von 14 Tagen noch zweimal wiederholt wird, danach vierteljährlich.

Mit etwa drei Wochen versucht der Welpe erstmals, sich auf seine Beinchen zu stellen. Anfangs ist er noch recht wacklig, aber schon nach einer weiteren Woche werden kleine „Ausflüge" in der Wurfkiste gemacht.

Die Welpen sollten nun bald in einen geräumigeren Auslauf oder in eine abgeteilte Ecke des Wohnzimmers umquartiert werden. Das neue Zuhause sollte jetzt mindestens 100 × 60 cm groß und etwa 40 cm hoch sein. Für den Ein- und Ausstieg der Hündin wird eine Klappe angebracht. In diesem Auslauf befindet sich jetzt auch ein Schlafplatz, der am besten etwas erhöht oder abgeteilt sein sollte und mit waschbarem Webpelz ausgelegt ist, sowie ein Spiel- und Futterplatz und eine mit Zeitungen ausgelegte Pipi-Ecke.

Mit etwa vier Wochen beginnen die Zähne zu wachsen. Um das Durchbrechen der Milchzähne zu erleichtern, kann man entsprechendes Kauspielzeug anbieten. Jetzt sollte man anfangen, die Kleinen beizufüttern, denn wenn nach etwa zwei bis drei weiteren Wochen die Zähnchen ganz draußen sind, wird sich die Hündin das Saugen kaum mehr gefallen lassen.

In der ersten Zeit der Umstellung gibt es für die Welpen lauwarme Kaffeesahne, etwas angedickt mit Kinderbrei. Nach einigen Tagen kann man Gries mit Fleisch und Gemüse anbieten. Babykost für Menschen ist natürlich sehr empfehlenswert, aber auf Dauer nicht gerade billig. Solange die Welpen noch sehr klein sind (bis zu 6 Wochen), wird das Futter wieder herausgenommen, wenn die Welpen gefressen haben. Naßfutter verdirbt sehr schnell und kann dann Durchfälle verursachen, außerdem sind die Kleinen so tolpatschig, daß sie ständig durch die Futterschale laufen. Auslauf und Welpen sehen dann natürlich entsprechend aus. Ab 6 Wochen kann dann ein Schüsselchen mit Welpentrockenfutter ständig verfügbar sein, ein stabiler Wassernapf, der nicht umgestoßen werden kann (am besten Steingut), garantiert immer Wasser.

Anstelle von Spielzeug gibt es zwischendurch immer größere Obststücke oder Blattsalat, die begeistert niedergemacht werden. Futterneid sorgt dafür, daß ein erheblicher Teil davon auch im Magen der Kleinen landet.

Sobald die Welpen beigefüttert werden, verweigert die Hündin die Aufnahme des Welpenkotes, gleichzeitig läßt der Milchfluß nach. Manche Hündinnen würgen den Welpen Futter vor, für die Welpen ist das natürlich die beste Ernährungsweise,

Ch. Robin Stups vom Scillawald im Alter von 9 Monaten: In Ruhestellung ist die Rute hängend und bildet einen leichten Haken

vorausgesetzt, die Hündin erhält welpenverträgliches Futter.

Unmittelbar wenn die Welpen aufhören zu fressen, nimmt man sie hoch und setzt sie auf die Zeitung, wo sie bleiben müssen, bis sie ihr Häufchen gemacht haben. Schon nach wenigen Tagen haben sie begriffen, was man von ihnen erwartet. Unsere Welpen dürfen den ganzen Abend mit den Erwachsenen frei herumlaufen. Alle 2 Stunden geht es vorsorglich zurück in den Auslauf auf die Zeitung. Sie merken sehr schnell, daß sie gleich wieder herausdürfen, wenn sie unsere Erwartungen befriedigt haben, und das klappt wie am Schnürchen.

Da die Welpen einen ausgeprägten Sinn für Reinlichkeit haben, muß deren Pipi-Ecke immer peinlich saubergehalten sein. Zeitungen müssen gleich nach Benutzung ausgewechselt werden.

Die vierte bis siebte Lebenswoche der Welpen bezeichnet man als Prägungsphase, eine Zeit, die für das spätere Mensch-Hund-Verhältnis aus schlaggebend ist. Wachsen die Welpen in diesem Zeitraum vorwiegend mit Hunden und nur mit wenig oder gar keinem menschlichen Kontakt auf, werden sie später nur mit Schwierigkeiten in das Familienleben einzugliedern sein. Sorgt der Züchter hingegen dafür, daß der Welpe in diesem Alter Vertrauen zum Menschen herstellen kann, erleichtert dies später ein natürliches Mensch-Hund-Verhältnis ganz wesentlich.

Mit Welpen sollte man viel spielen. Allerdings muß man sich dabei etwas bedächtiger bewegen, denn die Welpen wissen noch nicht, daß es gefährlich ist, Herrchen in die Füße zu laufen. Spiele mit alten Socken, Tüchern o. ä. sind besonders beliebt, und man kann dabei schon kleine, spielerische Raufereien um die Rangordnung beobachten. Schon jetzt zeichnet sich ab, welcher der Welpen sich zum friedfertigen Nachgeber und welcher zu sich zum rauflustigen Meuteführer entwickelt. Die Hündin geht keineswegs zimperlich mit den Kleinen um. Wenn sich einer der Welpen danebenbenimmt, wird das sofort mit einem kleinen Schnapper der Hündin bestraft, und der betroffene Welpe rennt laut kreischend davon, es hört sich nach echter Katastrophe an. Nach einigem Toben ziehen sie sich in ihre Schlafecke zurück und Minuten später ist aus der spielenden Meute ein buntes Knäuel geworden, aus dem in regellosem Durcheinander Köpfe, Beinchen und Schwänze herausragen. In diesem Alter sehen sie auch am niedlichsten aus; aus den unscheinbar mausartigen Säuglingen sind quicklebendige Plüschtierchen mit Schlappohren geworden, noch etwas unsicher auf den Beinen, aber zu jedem Unfug bereit. Darum sollte man sie auch nicht unbeaufsichtigt frei herumlaufen lassen.

In der achten Lebenswoche sollte man die Grundimmunisierung gegen Staupe, Hepatitis, Leptospirose und Parvovirose verabreichen lassen. Vorher hätte dies wenig Sinn, denn der Welpe hat noch zu viele Antikörper aus der Muttermilch, die die Impfung neutralisieren würden. Von der Injektion bleibt meist eine kleine Beule rechts oder links, der sogenannte Impfknoten. Man sollte in den folgenden Tagen beim Anfassen der Welpen darauf etwas Rücksicht nehmen, eine Berührung scheint ihnen äußerst unangenehm zu sein. Einige Tage nach der Impfung können Sommerbabies jetzt auch für einige Zeit in den Garten oder auf die Terrasse. Jetzt kann man auch fremde Besucher empfangen, um die Welpen gleich an den Kontakt mit anderen Menschen zu gewöhnen.

Beim Füttern muß man darauf achten, daß jeder Welpe ausreichend zum Zuge kommt. Bei Welpen mit festen Futterzeiten ohne die Möglichkeit, zwischendurch etwas zu sich zu nehmen, kann es nach wildem Spielen schon einmal passieren, daß der Blutzuckerspiegel plötzlich abfällt. Leider passiert es immer wieder, daß Züchter morgens bewußtlose oder gar tote Welpen im Auslauf vorfinden, die am Abend zuvor noch quietschvergnügt waren.

Die Bauchspeicheldrüse kann bei Welpen bis vier Monaten einen Blutzuckerabfall noch nicht zuverlässig regulieren. Die ersten Anzeichen sind unsicherer Gang, Schlappheit bis zur

Bewußtlosigkeit. Dabei kühlt der Körper sehr schnell bis auf eine Temperatur von teilweise unter 35° aus. In der Folge verendet der Welpe an Kreislaufversagen. Abhilfe schafft man, indem man dem Welpen beim ersten Anzeichen gesättigte Traubenzuckerlösung mit einer Injektionsspritze ins Mäulchen träufelt. Nach einer Viertelstunde ist er meist wieder wie neu. Im fortgeschrittenen Stadium muß man ihn sofort warmlegen, ein Kreislaufmittel und ebenfalls gesättigte Traubenzuckerlösung geben. Der Schluckreflex funktioniert sehr lange; wenn dies nicht mehr der Fall ist, hilft nur eine Verabreichung mittels Magensonde.

Anders als beim Diabetiker kann der Blutzuckerspiegel nach oben immer reguliert werden, man kann also unbedenklich soviel Traubenzuckerlösung geben, wie sie der Magen maximal aufnehmen kann. Bei Welpen, die einmal eine solche Krise gehabt haben, muß man bis zu etwa vier Monaten immer darauf achten, daß sie ausreichend fressen. Die letzte Mahlzeit am späten Abend sollte kohlenhydratreich sein. Falls man den Welpen vor Ende der kritischen Phase abgibt, sollte der neue Besitzer unbedingt darüber informiert sein, um sich entsprechend darauf einstellen zu können.

In der zwölften Woche ist dann die Wiederholungsimpfung fällig, und kurz darauf beginnt die Zeit, da die Welpen einer nach dem anderen das Haus verlassen.

Neben den Annehmlichkeiten der Welpenaufzucht müssen zwischenzeitlich einige Formalitäten erledigt werden, damit die Kleinen eine Ahnentafel erhalten: Innerhalb von einer Woche nach der Geburt muß der Wurf unter Angabe der Elterntiere, Wurfdatum, Wurfstärke und Farbe der Welpen beim Zuchtbuchamt gemeldet werden. Spätestens jetzt wird der Wurf in die Karteien der Welpenvermittlungsstellen des Verbandes aufgenommen. Einige Tage nach dieser Wurfvoranmeldung erhält der Züchter dann die Tätowiernummern für die Welpen. Bei Wurfstärken von mehr als 5 Welpen ist der Zuchtwart zur Wurfbesichtigung herzubitten. Ansonsten vereinbart man mit ihm einen Termin für die Wurfabnahme ab der achten Lebenswoche. Er besichtigt und tätowiert den Wurf und kontrolliert Art und Sauberkeit der Unterbringung und eventuelle Fehler der Welpen. Gleichzeitig sieht er die Impfpässe der Welpen ein. Die entsprechenden Formulare werden ausgefüllt und zusammen mit der Originalahnentafel der Mutter und der Ahnentafelkopie des Vaters an die Zuchtbuchstelle geschickt. Innerhalb einer Woche erhält der Züchter dann per Nachnahme die Welpenahnentafeln.

Abgabe der Welpen

Käufer finden sich in der Regel durch Anzeigen in Tages- und Fachzeitschriften oder manchmal durch die Welpenvermittlung des Verbandes. Es ist jedoch vor allem für den Erstzüchter nicht immer einfach, die Welpen unterzubringen. Ist es schon eine große Verantwortung, einen Wurf großzuziehen, so ist die Aufgabe, den richtigen Abnehmer für einen Welpen herauszufinden, unvergleichlich schwerer.

Wenn man Glück hat, findet man schon ein neues Zuhause für einen Welpen, solange dieser noch sehr jung ist; optimal wäre es, wenn der neue Besitzer vielleicht mehrmals vorbeikommen könnte oder sich wenigstens anhand von Telefonaten über die Entwicklung des Kleinen auf dem laufenden hielte, bevor er diesen endgültig abholt. So ist alles bestens auf das neue Familienmitglied vorbereitet.

Normalerweise ist es aber leider so, daß man sich nur anhand eines Gespräches innerhalb weniger Stunden entscheiden muß, ob das angebotene neue Zuhause für das Tier ein geeigneter Platz ist.

Man bemüht sich, in der kurzen Zeit soviel wie möglich über die eventuellen zukünftigen Besitzer herauszufinden, und jeder, der wirklich bestrebt ist, einem Hund ein optimales Zuhause zu bieten, wird diese Überprüfung gerne über sich ergehen lassen.

Bei einem Verkaufsgespräch ist es immer von Vorteil, wenn die ganze zukünftige Familie dabei ist, um sicherzugehen, daß auch jeder Einzelne mit der Anschaffung eines Hundes einverstanden ist. Ein einziges Familienmitglied, das den Hund ablehnt, kann dem Kleinen das Leben schwermachen. Es ist dringend davon abzuraten, einen Hund in eine Familie zu geben, in der beide Partner ganztägig berufstätig sind oder in der die Kinder einen wilden und unerzogenen Eindruck machen; ein Hund würde dort einen schweren Stand haben. Es ist gerade noch zu vertreten, wenn der Hund den Vormittag allein verbringen muß, und selbst dann wäre es gut, wenn er einen Spielkameraden hätte.

Es ist auch immer aufschlußreich zu wissen, ob die Interessenten bereits einmal einen Hund hatten, und was aus diesem geworden ist. Dringend abzuraten ist ein Verkauf als sogenanntes „Überraschungsgeschenk". Dabei spielt der Unsicherheitsfaktor, ob ein Hündchen überhaupt willkommen ist oder nur notgedrungen akzeptiert wird, eine große Rolle.

Wenn der Interessent zur Miete wohnt, ist unbedingt vorher mit dem Vermieter abzuklären, ob Hundehaltung gestattet ist, sonst läuft man Gefahr, daß der Welpe schneller wieder aus dem Haus muß als er hineingekommen ist. Für einen Züchter, dem am Schicksal seiner Tiere liegt, ist es selbstverständlich, daß er seinen Hund in so einem Fall wieder zurücknimmt.

Hat ein Kandidat nun die schwere Prüfung bestanden und sind die geschäftlichen Dinge abgeklärt, bedeutet das natürlich nicht, daß die Verantwortung für den Welpen damit endet. Man sollte für seine Welpenkäufer immer zur Verfügung stehen, wenn Fragen und Probleme auftauchen.

Wir haben mit den meisten Hundebesitzern auch nach Jahren noch ein sehr herzliches Verhältnis, und wir freuen uns immer wieder, wenn wir nach längerer Zeit die neuesten Geschichten über unsere „Kinder" erfahren oder gar Gelegenheit haben, sie wiederzusehen. Für einen Züchter, der in die Zukunft schaut, fußt weitere Zuchtplanung immer auf den Ergebnissen aus den vorangegangenen Verpaarungen.

Beim Verkauf werden dem neuen Besitzer die Ahnentafel und der Impfpaß überreicht; vom Verband wird ein Kaufvertrag herausgegeben, der Züchtern und Käufern gleichermaßen gerecht wird. Durch diesen werden auch Vorkaufsrechte für den Züchter gewahrt, so daß immer sichergestellt ist, daß man keinen seiner Schützlinge auf immer aus den Augen verliert.

Es verleiht einem ein Gefühl der Befriedigung, wenn man seine Welpen zumindest gut untergebracht weiß, denn man kann sie natürlich nicht alle behalten. Wer sich nicht die Mühe machen will, eine wirklich passende Familie für jedes Tier zu finden, auch auf die Gefahr hin, auf dem einen oder anderen Welpen einige Zeit „sitzenzubleiben", der sollte besser niemals züchten.

Ernährung

Der Hund braucht mehr als Fleisch

Leben ist Bewegung. Leben ist Wachstum. Leben ist Stoffwechsel. Damit Lebensvorgänge ablaufen können, muß sich das Lebewesen ernähren. Der Zweck der Ernährung ist es, dem Körper Nährstoffe zuzuführen. Diese dienen der Bewegung, indem sie Energie liefern, dienen dem Wachstum, indem sie die Baustoffe darstellen, dienen dem Stoffwechsel, indem sie verbrauchte Substanzen ersetzen. Nährstoffe befinden sich in der Nahrung. Tiere sind von organischen Stoffen abhängig. Diese gehen sämtlich auf Stoffwechselprodukte der Pflanzen zurück.

Der Hund als Nachfahre des Wolfes steht am Ende der Nahrungskette. Er verwertet nicht die Pflanze selbst, sondern pflanzenfressende Tiere. Die wildlebenden Ahnen unseres Hundes verzehrten ihre Beute meist vollständig. Von daher geht der Begriff „Fleischfresser" am Kern vorbei. Denn nicht nur Muskelfleisch, sondern ebenso die Knochen, Sehnen, das Fell und natürlich die Innereien samt dem pflanzlichen Inhalt, wurden verschlungen. Treffender ist also die Bezeichnung „Beutetierfresser".

- Der Hund steht am Ende der Nahrungskette.
- Der Hund benötigt neben Fleisch auch Fett, Mineralstoffe, Vitamine und pflanzliche Materialien.
- Der Hund ist ein Beutetierfresser.

Das Verdauungssystem spaltet die Nahrung auf

Dem Wolf wie auch seinem Nachfahren Hund sind eine Reihe spezialisierter Organe eigen, mit denen er seine Nahrung beschaffen, zerkleinern und verwerten kann. Die Zähne dienen dem Ergreifen und Zerteilen der Beute. Mit Hilfe des Speichels gleitfähiger gemacht, gelangt die Nahrung durch die sehr dehnbare Speiseröhre in den Magen. Hier erfolgt eine erste Aufspaltung der einzelnen Bestandteile. Dieser Vorgang wird im Dünndarm fortgesetzt. Unverzichtbare Hilfe leisten dabei Verdauungsenzyme, die in der Bauchspeicheldrüse gebildet werden. Ihre Aufgabe ist die biochemische Zerkleinerung der Nährstoffe bis auf die Grundbausteine. Nur so zerlegt ist die Nahrung letztendlich verwertbar. Die Nährstoffe werden dann von der Darmschleimhaut aufgenommen und mit Hilfe des Blutkreislaufs in jede noch so entlegene Zelle des Körpers transportiert. Dort erst erfüllen sie ihre eigentliche Funktion. Im Muskel beispielsweise wird die biochemische Energie bestimmter Nährstoffe in Bewegungsenergie umgewandelt, im Knochen dienen andere Nährstoffe als Bausteine den Wachstumsvorgängen. Unverwertbare Bestandteile der Nahrung gelangen in den Dickdarm und werden wieder ausgeschieden.

- Die Nahrung muß aufgespalten werden, um verwertbar zu sein.
- Die Aufspaltung erfolgt hauptsächlich im Darm.
- Die Nährstoffe werden mit dem Blutkreislauf aus dem Darm in alle Körperzellen transportiert.

Hohe Energieausbeute nur bei hochverdaulicher Nahrung

Ob unser Chihuahua läuft, springt, mit dem Schwanz wedelt oder vielleicht nur daliegt und Herrchen oder Frauchen beim Lesen zuschaut – jeder dieser Vorgänge braucht Energie, sie ist die treibende Kraft aller Lebensvorgänge. Unser Hund bezieht sie aus seinem Futter. In biochemi-

Der ganze Stolz ihres Züchters

scher Form gespeichert, gelangt Energie in den Körper und wird dort in die unterschiedlichsten Lebensäußerungen umgewandelt. Bei diesen Umwandlungsprozessen gibt es Verluste. Über Kot und Harn werden Stoffe ausgeschieden, die noch Energie speichern. Auch Wärmeverluste schmälern die Energieausbeute für den Organismus. Dennoch hat das Energieumwandlungssystem „Hund" einen höheren Wirkungsgrad als jedes vom Menschen ersonnene. Eines liegt jedoch auf der Hand: Je höher die Verdaulichkeit der Nahrung ist, desto geringer sind die Energieverluste für den Hund.

- Ohne Energie gibt es kein Leben.
- Die Energie ist in der Nahrung.
- Je höher die Nahrung verdaulich ist, desto besser wird sie verwertet.

Eiweiße sind Baustoff, Energieträger und Wirkstoff zugleich

Jeder Hund benötigt über fünfzig verschiedene Nährstoffe, und zwar Tag für Tag, ein Leben lang. Man kann diese der besseren Übersichtlichkeit halber in Hauptnährstoffgruppen zusammenfassen. Eine wesentliche dieser Gruppen wird von den **Eiweißen** oder Proteinen gebildet. Sie stellen wichtige Körperbausteine dar. Nur eine einzige Körpersubstanz überhaupt enthält keine Eiweiße als Baustein, und das ist der Zahnschmelz. Alle anderen Gewebe, ob nun Muskel, Nerven, Haut oder innere Organe, bestehen in irgendeiner Form aus Eiweißen. Sogar der Knochen enthält nicht nur Mineralstoffe, sondern eben auch Gerüstproteine. Darüber hinaus werden wichtige Wirkstoffe wie Enzyme und Hormone durch Eiweiße aufgebaut. Außerdem sind Eiweiße eine Energiequelle für Hunde. Die Energieausbeute beim Abbau der Eiweiße ist jedoch nicht besonders hoch. In dieser Hinsicht ist die Nutzung von **Fetten** effizienter. Fette sind die für den Hund günstigste Energiequelle. Die Ausbeute bei ihrem biochemischen Abbau ist um etwa ein Drittel höher als bei Eiweißen. Fette sind jedoch nicht nur Energielieferanten. Sie stellen auch wichtige Bausteine für Zellmembranen dar und sind unverzichtbarer Bestandteil von bestimmten Hormonen und Vitaminen. **Kohlenhydrate** kommen in der Natur in großen Mengen in Pflanzen vor. Das Verdauungssystem des Hundes kann diese nur in erhitzter Form spalten. Dann stellen einige Kohlenhydrate jedoch gute Energielieferanten dar. Weiterhin dienen Kohlenhydrate als Ballaststoffe. In dieser Funktion regen sie die Darmbewegung an und sind so für die Passage der Nahrung durch den Darm unerläßlich. Ebenso wichtige, jedoch grundsätzlich andere Aufgaben erfüllen die **Mineralstoffe.** Die bekanntesten unter ihnen, Kalzium und Phosphor, bilden die Hauptbestandteile der Knochen. Sie fungieren also als Baustoff. Andere Mineralstoffe werden im Stoffwechsel von Substanzen benötigt, welche Steuer- und Regelungsmechanismen bedienen. So gibt es eine Reihe von Enzymen und Hormonen, die ohne die Anwesenheit bestimmter Mineralstoffe wirkungslos blieben. Weiterhin laufen so wichtige Vorgänge wie Blutgerinnung, Muskelkontraktionen oder die Erregungsleitung in Nerven nur ab, wenn die dazugehörigen Mineralstoffe dem Körper über die Nahrung zugeführt werden. Die Gruppe der Mineralstoffe kann man noch einmal unterteilen in Mengenelemente (von diesen wird ein bedeutendes Quantum täglich benötigt) und Spurenelemente (hiervon reichen oft schon ganz geringe Mengen im Mikrogrammbereich aus). Schließlich müssen noch die **Vitamine** in der Nahrung sein, von denen es fettlösliche und wasserlösliche gibt. Vitamine haben lebenswichtige Steuerfunktionen, dienen dem Sehvermögen, der Krankheitsabwehr oder dem Energiestoffwechsel.

- Eiweiße sind Baustoff, Energieträger und Wirkstoff zugleich.
- Fette sind die günstigste Energiequelle.
- Mineralstoffe bauen das Skelett auf und steuern lebenswichtige Vorgänge im Stoffwechsel
- Vitamine regeln unverzichtbare Lebensprozesse.

In bester Verfassung: Chihuahua im Farbschlag chocolate & tan

Wachsende Hunde benötigen spezielle Nahrung

Die moderne Tiermedizin hat die Besonderheiten des Hundestoffwechsels genau untersucht. So besteht heute die Möglichkeit, nicht allein den Energiebedarf eines heranwachsenden Hundes genau anzugeben, sondern auch seinen Bedarf an Kohlenhydraten, Eiweißen und Fetten sowie Mineralstoffen und Vitaminen. Dies ist entscheidend, wenn man das Ziel hat, durch eine artgerechte Bilanzierung von Nahrungsbestandteilen eine gesunde Hundeentwicklung zu fördern.

Ein gutes Beispiel dafür ist der **Bewegungsapparat.** Mit Hilfe von Messungen der Wachstumsgeschwindigkeit der Knochen, Röntgenaufnahmen des Bewegungsapparates, Bestimmungen der Knochendichte, Vergleich von vielen hundert gesund aufgewachsenen Hunden und weiteren Untersuchungsverfahren ist der Bedarf an Kalzium und Phosphor genau festgestellt worden. Aufgrund dieser Zahlen sind wissenschaftlich exakte Empfehlungen für die Versorgung mit diesen Mengenelementen möglich – und zwar jeden Monat im Leben eines wachsenden Hundes.

Wegen des hohen Bedarfs der Welpen an knochenaufbauenden Mineralstoffen liegt der Kalzium- und Phosphorbedarf in den ersten beiden Lebensmonaten rund viermal höher als beim erwachsenen Hund. Mit zunehmender Mineralisierung der Knochen nimmt er im Laufe des Wachstums stetig ab.

Um ein gleichmäßiges Knochenwachstum und eine gesunde Skelettentwicklung zu erreichen, kann die Versorgung mit Kalzium und Phosphor eigentlich nur durch eine ausgewogene, altersangepaßte Vollnahrung problemlos gewährleistet werden.

Eine Selbstherstellung von Hundenahrung ist wegen der möglichen Unter- oder Überversorgung mit lebenswichtigen Nährstoffen insbesondere bei Welpen sehr kritisch. So ist in „Eigenmischungen“ das Kalzium/Phosphor-Verhältnis meist nicht korrekt ausbilanziert.

Die **Wachstumsrate** junger Hunde und die Unterschiede zwischen einzelnen Hunden werden übrigens nicht allein durch Erbanlagen bestimmt. Auch äußere Faktoren wie Ernährung, Klima oder Krankheiten sind wichtig. Eine optimale Gestaltung der äußeren Einflußfaktoren kann das Wachstum im positiven Sinne beeinflussen – also eine artgerechte, angemessene Ernährung, gute Haltungsbedingungen und eine vernünftige Krankheitsverhütung, zum Beispiel durch Impfungen. Da es bei jedem Hund Unterschiede der äußeren Bedingungen gibt, variiert die Gewichtsentwicklung von Individuum zu Individuum ein wenig. Das bedeutet, daß es immer Abweichungen des altersentsprechenden Körper-gewichtes von den wissenschaftlich ermittelten Durchschnittswerten gibt. Diese Unterschiede sind aber nicht nur von wissenschaftlichem Wert. In der Praxis ergeben sich aus den natürlichen Differenzen bei der Wachstumsgeschwindigkeit Unterschiede beim Bedarf der wachsenden Hunde an Energie, Eiweißen und insbesondere auch Mineralstoffen. Dies muß bei der Ernährung von Welpen und Junghunden bedacht und einkalkuliert werden.

Das **Verdauungssystem** und der Stoffwechsel von Welpen weisen eine Reihe von Besonderheiten auf. Der Magen ist noch relativ klein, so daß nur eine begrenzte Menge Nahrung aufgenommen werden kann. Diese eingeschränkte Speicherfunktion des Magens macht eine häufige Nahrungsaufnahme notwendig.

Einige Körpergewebe beziehungsweise Organsysteme sind während der ersten Lebensmonate ganz besonders auf eine richtig zusammengesetzte Nahrung angewiesen, um sich so entwickeln zu können, wie es die Natur vorgesehen hat. Hierzu ehören Bewegungsapparat, Abwehrsystem, Fortpflanzungssystem, Haut und Fell sowie Lunge und Atemwege. Anders als das Herz-Kreislauf-System des jungen Hundes, das sich schon im Mutterleib fast vollständig entwickelt hat, reift beispielsweise der Bewegungsapparat erst später aus.

So sind nach der Geburt zwar sämtliche Knochen beim Welpen angelegt und vorhanden, bestehen aber überwiegend noch aus Knorpel, also einem Gewebetyp, der zwar sehr elastisch ist, jedoch nur eine geringe Festigkeit hat. Dieses bindegewebige Gerüst wandelt der Organismus nach und nach zum tragfähigen Knochen um, indem er Mineralstoffe – vor allem Kalzium und Phosphor – einlagert. So entwickelt der Junghund im Laufe vieler Monate die biologisch notwendige Festigkeit seiner

ALTERNATIVE MÖGLICHKEITEN
EINER AUSGEWOGENEN ERNÄHRUNG

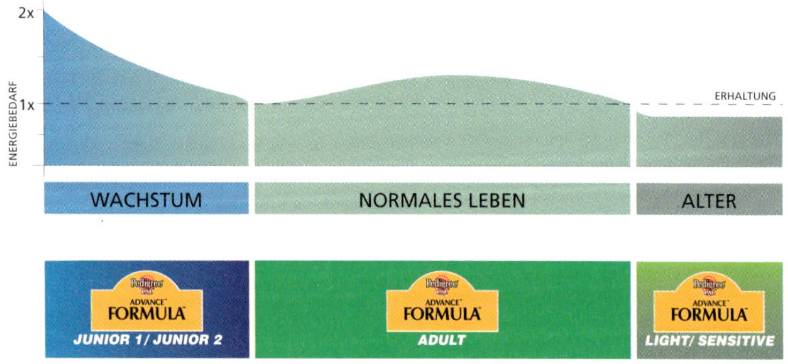

WALTHAM ERNÄHRUNGSBERATUNG

Knochen. Solange bleibt den noch nicht voll mineralisierten Knochen die Möglichkeit, weiter zu wachsen. Erst gegen Ende der Wachstumsperiode des Hundes verschließen sich die Wachstumsfugen der Knochen, die bis dahin ein Längenwachstum ermöglicht haben. Im gesamten Zeitraum der Knochenbildung muß also die Zusammensetzung der Nahrung optimal auf die Bedürfnisse des Knochenwachstums eingestellt sein.

Junge Hunde haben keinen Schutzmechanismus vor überhöhter Kalziumzufuhr mit der Nahrung wie erwachsene Tiere.

Unter dem Einfluß von Hormonen wird ein eventueller Kalziumüberschuß überwiegend in den Knochen eingelagert, was im Endeffekt zu einer gesteigerten und gleichzeitig gestörten Verknöcherung führt. Die daraus resultierenden Skelettdeformierungen und Bewegungseinschränkungen sind im spateren Lebensalter nicht wiedergutzumachen. Die Empfelung, Junghunden eine Kalziumergänzung – selbst bei Verwendung einer vollständigen und richtig bilanzierten Vollnahrung – zukommen zu lassen, ist wissenschaftlich nicht haltbar. Wegen der möglichen Gefahren ist die Gabe von kalziumreichen Nahrungsadditiven deswegen zu vermeiden.

- Wachsende Hund haben einen höheren Energiebedarf.
- Das heranwachsende Skelett braucht mehr als doppelt so viele Mineralstoffe.
- Spezielle Welpennahrung deckt alle Bedürfnisse ab.

Fertignahrung ist hochwertig, sicher und bequem

Wie wir gesehen haben, benötigen Hunde sehr viele verschiedene Nährstoffe. Diese müssen nicht nur in der optimalen Menge, sondern auch im richtigen Verhältnis zueinander in der Nahrung sein. Hinzu kommen besondere Lebenssituationen wie Wachstum, Phasen hoher körperlicher Belastung, Trächtigkeit oder Alter. Jede dieser Situationen bringt veränderte Nährstoffansprüche mit sich. Verdaulichkeit und Schmackhaftigkeit des Futters sollen auch gewährleistet sein, damit der Hund den Napf leert. Wollten wir unserem Hund selbst die tägliche Nahrung bereiten, hätten wir das alles zu beachten. Wir müßten den Gehalt der Ausgangsmaterialien an Eiweißen, Fetten, Mineralstoffen und Vitaminen genau kennen. Wer jedoch mißt die Menge essentieller Aminosäuren oder den Vitamingehalt eines Stückes Fleisch? Wieviel Kalzium ist denn nun in der Messerspitze Futterkalk enthalten? Und was ist mit der Zeit, die wir für die tägliche Futterration unseres vierbeinigen Freundes benötigen würden?

Wolfsfarbener Langhaar-Chihuahua

Am sichersten ist die Verwendung qualitativ hochwertiger Fertignahrung, wie sie von verantwortungsbewußten, erfolgreichen Züchtern empfohlen wird. Alle Nährstoffe sind in richtiger Menge und optimalem Verhältnis enthalten. Man kann genau portionieren, die Fütterung ist sauber, schnell und bequem. Das deutsche Futtermittelrecht regelt die Zusammensetzung streng und genau. Es dürfen nur einwandfreie Rohmaterialien von gesunden Tieren und Pflanzen verwendet werden. Fertignahrung ist also der beste und sicherste Weg, unseren Hund richtig und gesund zu ernähren. Und schmecken wird es ihm ganz gewiß.

- Futterselbstzubereitung ist kompliziert, zeitraubend und erfordert Spezialkenntnisse.
- Fertignahrung ist sicher, hat hohe Qualität und erfüllt alle Nährstoffansprüche des Hundes.

Wichtige Tips zur Fütterung Ihres Hundes

1. Achten Sie bitte darauf, Futterumstellungen langsam und schrittweise über etwa 1 Woche durchzuführen, so daß sich der Verdauungstrakt des Hundes an die neue Nahrung gewöhnen kann. Ansonsten sind Durchfälle die unabwendbare Folge.
2. Füttern Sie stets zur gleichen Zeit und am gleichen Ort, weder zu heiß noch zu kalt (nie direkt aus dem Kühlschrank).
3. Bei der Verwendung von Fertignahrungsmitteln, die als „Alleinfutter“ deklariert sind, erhält Ihr Chihuahua alle lebensnotwendigen Nährstoffe in ausgewogener Zusammensetzung für ein langes, gesundes Hundeleben.
4. Ein Welpe braucht zu Beginn seines Lebens etwa doppelt soviel Nährstoffe und Energie wie ein ausgewachsener Chihuahua, deshalb füttern Sie in der Wachstumsphase ein Fertigfutter, welches für wachsende Hunde bestimmt ist.
5. Chihuahuas haben im Verhältnis zu ihrem Körpervolumen eine größere Körperoberfläche; sie sind in der Regel sehr aktiv und haben einen hohen Stoffwechsel. Daraus ergibt sich ein erstaunlich hoher Energiebedarf.
6. Chihuahuas sind in ihren Futtergewohnheiten sehr unbeständig, und so kann es vorkommen, daß sie an einem Tag Unmengen fressen, um danach ein bis zwei Tage zu fasten. Dies ist ein Zeichen dafür, daß die Rasse noch über ein natürliches Gefühl für Hunger und Sattsein verfügt. Wenn Ihr Chihuahua also einen freiwilligen Fastentag einlegt und sich dabei sichtlich wohlfühlt, sollten Sie ihn nicht zum Fressen animieren.

7. Füttern Sie Ihrem Chihuahua nur die Menge Naßfutter, die er auch auffrißt. Futterreste verderben schnell, und sie ziehen Fliegen magisch an. Trockenfutter darf immer bereitstehen.
8. Frisches Wasser muß Ihr Chihuahua stets zur Verfügung haben, dies gilt insbesondere dann, wenn Trockenfutter gereicht wird, sonst sind ernsthafte gesundheitliche Schäden (Nieren!) die Folge.
9. Füttern Sie Fleisch bitte nur im abgekochten Zustand, bei der Fütterung von rohem Fleisch besteht Infektionsgefahr.
10. Bei der Verwendung eines hochwertigen Fertigfutters brauchen Sie keinerlei Zusatzstoffe oder Ergänzungsfuttermittel zusätzlich zu füttern.
11. Bei älteren Chihuahuas ist es zur leichteren Verdauung angebracht, die Futtermenge wie beim Welpen in 2–3 Mahlzeiten aufzuteilen. Die verwendeten Eiweiße müssen hochwertig und hochverdaulich sein.
12. Übergewichtige Chihuahuas sollten, wenn Fertigfuttermittel verabreicht werden, die fett- und eiweißreduzierten „Light-Produkte" erhalten.

Gesundheit

Impfungen

Beim Kauf eines zwölf Wochen alten Welpen ist dieser in der Regel zweimal geimpft: Er hat dann die Grundimmunisierung gegen Staupe, Hepatitis, Leptospirose und Parvovirose (Katzenseuche) im Alter von etwa sieben Wochen mit Wiederholungsimpfung im Alter von etwa 11 Wochen erhalten. Bei diesem Impfprogramm muß der neue Besitzer nach etwa zwei Monaten die Tollwutimpfung noch durchführen lassen. Staupe, von der man noch vor einigen Jahren angenommen hatte, daß sie so gut wie ausgerottet sei, ist durch die Importe aus den Ostblockländern in den letzten Jahren wieder sehr aktuell geworden.

Die Parvovirose ist erst seit etwa 1981 bekannt; sie ist äußerst ansteckend und führt bei zu spätem Erkennen, vor allem bei jungen Hunden, fast immer innerhalb weniger Stunden oder Tage zum Tod. Erste Anzeichen sind Erbrechen und – oft blutiger – Durchfall bei gleichzei-

Vier Multi-Champion-Deckrüden in blau-tricolour, rot-sable mit Maske, rot und black & tan tiger Verweigerung von Nahrungsaufnahme, den Tieren geht es sichtlich sehr schlecht, und der Kräfteverfall erfolgt sehr schnell.

Nachimpfungen haben wie nachstehend zu erfolgen: Tollwut, Katzenseuche, Leptospirose – einmal jährlich; Staupe und Hepatitis – einmal alle zwei Jahre.

Die Tollwutimpfung sollte man keinesfalls versäumen, zumal für Auslandsreisen und Ausstellungen eine gültige Impfbescheinigung (mindestens vier Wochen alt, aber nicht älter als zwölf Monate) nachgewiesen werden muß.

Flöhe und Läuse

Selbst dem gepflegtesten Hund kann es passieren, daß er sich einen Floh fängt. Meist erfolgt die Übertragung

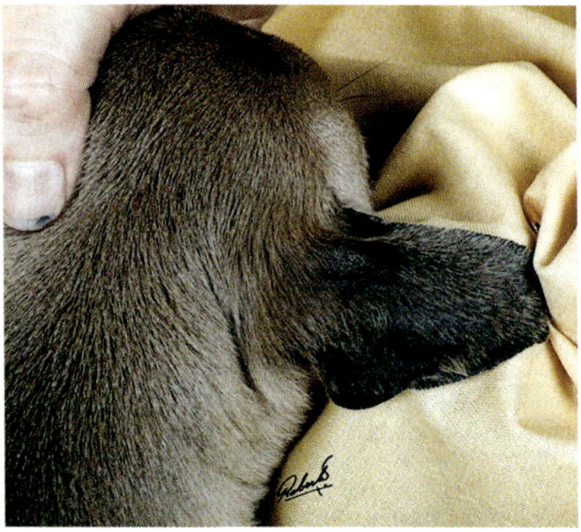

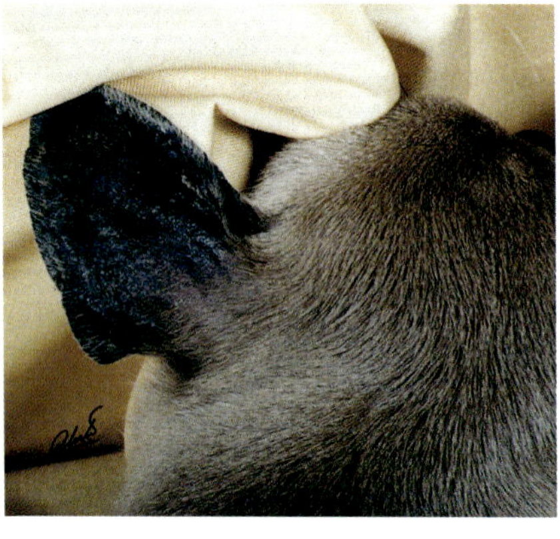

1–2

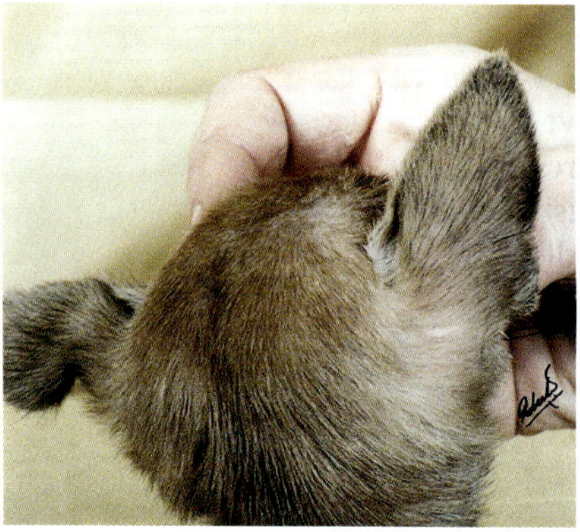

3

Haarausfall an den Ohren:
1 – Spätestens, wenn ein Ohr so aussieht, muß etwas getan werden
2 – Ohr nach der Behandlung wie auf S. 58 beschrieben
3 – Sechs Wochen später ist das Haar fast vollständig nachgewachsen

durch andere Hunde oder an Orten, an denen viele Tiere zusammenkommen. Igel und streunende Katzen haben ebenfalls einen Flohbefall, von dem sie anderen Tieren gerne „etwas abgeben“.

Bei hellen Tieren sind die Flöhe relativ leicht zu erkennen, bei dunklen ist das schwieriger. In jedem Fall kratzt und beißt sich der Hund auffallend. Bei genauerer Untersuchung findet man dann, vor allem hinter den Ohren oder über dem Rutenansatz, den schwarzen, kaffeesatzähnlichen Flohdreck. Flöhe vermehren sich durch Eier, die recht widerstandskräftig sind. Leider ist der Floh ein wichtiges Glied in der Vermehrungskette des Hundebandwurms. Wird ein infizierter Floh vom Hund verschluckt, kann dieser einen Bandwurm bekommen.

Läuse ernähren sich wie Flöhe vom Blut des Hundes. Sie werden etwa 1 bis 3 mm groß, sind länglich und bewegen sich wesentlich langsamer als Flöhe.

Gegen Flöhe und Läuse gibt es effektive Mittel (Alugan, Bolfo, Jacutin), die vom Tierarzt verschrieben werden, der Hund wird damit gebadet oder eingepudert, selbstverständlich müssen auch Schlafplatz und andere Aufenthaltsorte des Hundes gründlich mitbehandelt werden, da die Flöhe dort ihre Eier ablegen. Seit einigen Jahren gibt es ein Produkt – Tiguvon –, von dem der Hund jeden Monat ein paar Tropfen in die Nackenhaut eingerieben bekommt. Es gelangt in den Blutkreislauf, und wenn ein Floh einen so behandelten Hund „anzapft“, dann war dies seine letzte Mahlzeit … Wir haben mit diesem Mittel beste Erfahrungen gemacht, lediglich Welpen und gedeckte Hündinnen dürfen nicht damit behandelt werden.

Zecken

Im Sommer kann es vorkommen, daß Ihr Hund eine oder mehrere Zecken von einem Spaziergang mitbringt. Sie sind leicht zu entfernen, indem man sie mit einer Drehbewegung nach links (im Gegen-Uhrzeigersinn) herauszieht; dabei sollten Sie mit der anderen Hand die Haut des Hundes nach unten drücken. Der Kopf darf niemals steckenbleiben, da er böse Entzündungen hervorrufen kann. Geben Sie anschließend auf die Stelle etwas antiseptischen Puder oder Tinktur. Leider können Zecken eine gefährliche Krankheit (Meningitis) übertragen. Insbesondere im süddeutschen Raum und im angrenzenden Ausland ist die Gefahr besonders groß. Es wäre anzuraten, daß Hunde, die sich regelmäßig in zeckenbefallenen Gebieten aufhalten, vorbeugend gegen diese Krankheit geimpft werden.

Für einen entschlossenen Chihuahua ist keine Treppe zu steil

Es gibt Zecken-Halsbänder, die gleichzeitig Floh- und Läusebefall verhindern. Da sie nur während der warmen Jahreszeit gebraucht werden, kommt man mit ein bis zwei Bändern jährlich aus. In der Wohnung wird das Band grundsätzlich abgenommen!

Analbeutelentzündung

Das wohl jedem Kleinhundebesitzer bekannte „Schlittenfahren" – der Hund rutscht auf dem Hinterteil über den Boden – muß nicht, wie häufig angenommen, ein Zeichen für Wurmbefall sein, sondern deutet fast immer auf eine ungenügende Entleerung der Analbeutel hin. Die Analbeutel sind zwei seitlich vom After gelegene Drüsen, deren Sekret den After bei Stuhlentleerung gleitfähig machen soll. Daneben verleihen sie dem Kot eine „individuelle Duftnote".

Wenn sich die Drüsen, bedingt durch anhaltend zu weichen Kot, nicht leeren können, entsteht ein Juckreiz, auf den der Hund mit dem typischen „Rutschen" reagiert. In diesem Fall müssen die Drüsen ausgedrückt werden, da sonst schmerzhafte Entzündungen oder gar Abszesse entstehen können. Lassen Sie sich das Ausdrücken am besten vom Tierarzt zeigen.

Würmer

Hat Ihr Hund viel Kontakt zu anderen Hunden, sollte man ihn vorbeugend etwa alle drei Monate entwurmen.

Bei festgestelltem Wurmbefall wird natürlich sofort behandelt. Spulwürmer findet man beim Hund am häufigsten. Sie werden mit dem Kot ausgeschieden, sehen aus wie ein Stück weißer Bindfaden und können eine beachtliche Länge bis zu 10 cm erreichen. Zur Entwurmung verwendet man am besten Banminth (verschreibungspflichtig) aus der Apotheke. Diese Paste ist leicht zu verabreichen und völlig unschädlich.

Der Welpe sollte erstmals ungefähr an seinem 20. Lebenstag entwurmt werden, danach folgt eine Wiederholung in der 5. und 8. Lebenswoche. Ich habe es mir zur Angewohnheit gemacht, die Entwurmungs-Termine, ebenso wie die Impftermine, in einen Wandkalender einzutragen, so daß nicht immer wieder nachgerechnet werden muß.

Methoden zur Verhütung

Eine geschlechtsreife Hündin wird in der Regel etwa alle sechs Monate läufig. In dieser Zeit kann sie gedeckt werden. Um eine Fehldeckung zu vermeiden, gibt es nachstehende Möglichkeiten:

Kurzhaartrio

Im Schutz von Bobtail Scarlett läßt sich's gut aushalten

Hormonelle Verhütung

- Tabletten, während der Läufigkeit verabreicht, verhindern eine Befruchtung
- Tabletten oder Spritze, etwa vier bis sechs Wochen vor der zu erwartenden Läufigkeit gegeben, lassen die Hitze ausfallen.

Vor allem die zweite Möglichkeit findet häufig Anwendung.

Da diese Art der Verhütung jedoch ständig, d. h. vor jeder Hitze wiederholt werden muß, können sich im Laufe der Zeit Störungen im Hormonhaushalt bemerkbar machen. Bei Hündinnen, die später zur Zucht verwendet werden sollen, ist eine hormonelle Läufigkeitsunterbindung nicht anzuraten.

Sterilisation

Unterbindung der Eileiter. Die Hündin wird danach zwar noch läufig, da jedoch die Eier nicht in die Gebärmutter gelangen können, kann eine Einnistung nicht mehr stattfinden. Diese Methode wird selten durchgeführt.

Kastration

Operative Entfernung der Eierstöcke. Der Eingriff kann in seltenen Fällen unerwünschte Nebenwirkungen wie

Gewichtszunahme und Haarveränderungen nach sich ziehen.

Vorteil: Die Hündin wird garantiert nicht mehr läufig. Es ist anzuraten, gleichzeitig die Gebärmutter zu entfernen, da somit das Risiko einer späteren Gebärmutterentzündung entfällt.

Wir lassen seit Jahren alle Hündinnen kastrieren, die nicht oder nicht mehr zur Zucht verwendet werden sollen. Vor dieser Operation sollte die Hündin mindestens eine, besser zwei Läufigkeiten gehabt haben.

Falls es doch zu einem ungewollten Deckakt gekommen ist und die Hündin den eventuellen Wurf nicht austragen soll, kann man innerhalb von vier Tagen eine Spritze verabreichen lassen, die eine Trächtigkeit verhindert. Heute sind die Nebenwirkungen einer solchen „Abtreibung" sehr gering.

Der alte Hund

Chihuahuas können bekanntlich sehr alt werden, 15 bis 17 Jahre sind keine Seltenheit; der älteste bekannte Chihuahua soll 25 Jahre alt geworden sein und dabei keinesfalls an Altersschwäche, sondern an den Folgen eines Autounfalls gestorben sein.

Da die Rasse keine Disposition für bestimmte Erkrankungen hat, mit Ausnahme von Herzproblemen, die jedoch meist erst nach dem 10. bis 12. Lebensjahr auftreten, erreichen die Hunde dieses hohe Alter erstaunlich oft ohne jegliche Beschwerden und sind noch überraschend vital. Die Voraussetzung für eine hohe Lebenserwartung wird allerdings schon in der Jugend geschaffen: durch ausgewogene Ernährung, regelmäßige Bewegung und indem man dem Hund ein hundegerechtes, glückliches Dasein verschafft. Eine erbliche Disposition für hohes Alter ist nachgewiesen.

Der ältere Hund hat allgemein ein größeres Schlafbedürfnis. Als Ausgleich dazu ist der Kalorienbedarf, natürlich auch bedingt durch weniger Bewegung, geringer. Dies sollte man

Fünf Generationen nebeneinander: Zwischen Rajah (links außen) und dem Welpen Elliot vom Scillawald (rechts außen) liegen 14 Jahre

berücksichtigen, ohne den Hund allzusehr zu schonen. Das Futter sollte jetzt etwas fett- und kohlenhydratärmer sein, dafür mehr Obst und Gemüse enthalten. Bei manchen Hunden wird es notwendig, das Gewicht zu kontrollieren.

Alte Hunde müssen öfter ausgeführt werden, da die Belastbarkeit von Blase und Darm nachläßt. Solange der Hund noch gut zu Fuß ist, können auch längere Spaziergänge beibehalten werden. Nach einem Regenspaziergang sollte er jetzt jedoch gründlich getrocknet werden, denn feucht einzuschlafen ist nicht gut für ihn.

Ansonsten sollte er wie früher gehalten und behandelt werden, denn Alter ist schließlich keine Krankheit.

Anhang

Anschriften, die Sie kennen sollten

Bundesrepublik Deutschland

Verband für das Deutsche Hundewesen e.V. (VDH)
Westfalendamm 174
D-44141 Dortmund
Tel.: 02 31 / 5 65 00-0
Fax : 02 31 / 59 24 40

Verband Deutscher Kleinhundezüchter e.V. (VK)
Geschäftsstelle, Mitgliedswesen:
Karin Voye
Deichstraße 63
D-27804 Berne
Tel.: 0 44 06 / 68 47
Fax : 0 44 06 / 62 03

Zuchtbuchamt, Zuchtleitung:
Karin Biala-Gauß
Hauptstraße 10
D-70736 Fellbach-Oeffingen
Tel.: 07 11 / 51 47 23
Fax : 07 11 / 5 18 16 89

Welpenvermittlung:
Sabine Stadler
Moutingerstraße 19
D-86836 Untermeitingen
Tel.: 0 82 32 / 7 88 64
Fax : 0 82 32 / 7 70 15

Ausstellungswesen:
Hermann Kirchner
Stockder Straße 74
D-42857 Remscheid
Tel.: 0 21 91 / 79 08 26
Fax : 0 21 91 / 7 09 39

Schweiz

Schweizerischer Zwerghunde-Club
Elsbeth Clerc
Gumpisbühlweg 23
CH-3067 Boll
Tel.: 0 31 / 8 39 60 24
Fax : 0 31 / 8 39 14 80

Österreich

Chihuahua-Club Austria
Ingrid-Irmtraud Fleck
Opernring 4,
A-1010 Wien
Tel.: 02 22 / 2 71 91 86

Weiterführende Literatur aus dem Parey Buchverlag

BEYERSDORF, P., 1993: Dein Hund auf Ausstellungen. 2. Auflage

BURTZIK, P., 1996: Erziehung und Ausbildung des Hundes. 5. Auflage.

FIEDELMEYER, L., 1983: Kauf, Pflege und Fütterung des Hundes. 3. Auflage.

HEGENDORF, 1980: Der Gebrauchshund. Haltung, Ausbildung und Zucht. 14. Auflage

KOBER, U., PEPER, W., 1995: Pareys Hundebuch. 2. Auflage.

POORTVLIET, R., 1987: Mein Hundebuch. 2. Auflage.

QUEDNAU, F., 1987: Rechtskunde für Hundehalter.

SCHMIDTKE, H.-O., 1984: Gesundheitsfibel für Hunde. 2. Auflage.

WEIDT, H., 1996: Der Hund, mit dem wir leben: Verhalten und Wesen. 3. Auflage.

Bildnachweis

Seiten 16, 48, 59, 80, 81, 101, 105
BIALA-GAUß,
Fellbach

Seite 62
Österreichischer Kynologenverband
ÖKV

Seiten 2, 18, 23, 28, 30, 32, 36, 38, 40, 43, 45, 53, 57, 65, 69, 85, 92, 94, 98, 102, 104, 106, 108
RENATE PETERS, Roberto, Tierfotografie, Gronau

Seite 76
Tierbildarchiv ANGERER, Holzkirchen